Verändere dein LEBEN!

Silvia Maria ENGL

Mit zielführenden Fragen und
bewussten Entscheidungen
endlich selbstbestimmt leben

Schirner
Verlag

ISBN 978-3-8434-1237-7

Silvia Maria Engl:
Verändere dein Leben!
Mit zielführenden Fragen und
bewussten Entscheidungen
endlich selbstbestimmt leben
© 2016 Schirner Verlag,
Darmstadt

Umschlag: Anke Brunn, Schirner,
unter Verwendung eines Bildes von
© Fotostudio Engels,
www.fotostudio-engels.de
Layout: Simone Leikauf, Schirner
Lektorat: Karin Garthaus, Schirner
Printed by: Ren Medien GmbH,
Germany

www.schirner.com

1. Auflage Mai 2016

INHALT

Für dich.
Ja, ganz genau!
Für DICH!

Also, genau genommen für mich.
Aber deshalb ja für dich.

Verwirrt?
Hervorragend!

Jedes Jahr feierst du deinen Geburtstag.

Genau genommen feierst du, dass du dem Tod ein Jahr näher bist.

Denn ab der Sekunde unserer Empfängnis läuft die Uhr rückwärts.

Wir sterben, in jedem Moment.

Unser Körper begreift, dass das Sterben alter Zellen notwendig ist, um Platz für neue, frische Zellen zu haben. Das macht er auch gut, zumindest eine Weile lang.

Das passiert, weil der Körper es automatisch macht. Für unseren Geist gilt das leider so nicht. Hier gibt es keinen Automatismus, der alte, überholte, abgestorbene Gedanken rausschmeißt und sie durch frische, neue Gedanken ersetzt.

Das ist unser Job, den uns niemand abnimmt.

Darum macht ihn auch fast keiner.

Und so sorgen wir mit uralten, toten Gedanken dafür, dass auch langsam unser Körper nachzieht. Denn Geist und Körper bilden eine Einheit, ob uns das nun gefällt oder nicht.

Bei den meisten Menschen in unserer Gesellschaft ist es so, dass sie aufgrund der toten Gedankenmasse sogar schon lange tot sind, bevor der Körper stirbt.

Sie klammern sich an vermeintliche Sicherheiten, die es nicht gibt.

Sie halten an Jobs fest, die sie hassen, um das Geld zu bekommen, für das sie ihre Lebenszeit verkaufen.

Sie lassen zu, dass sie moderne Sklaven sind, die Prostituierten eines Systems, dessen unweigerlicher Teil sie sind, weil sie es akzeptieren.

Momos graue Herren gibt es wirklich.
So sterben wir, Tag um Tag, Sekunde um Sekunde.

Außer, wir hinterfragen.
Außer, wir treffen eine neue Entscheidung.

Die für das Leben.
Die, zu akzeptieren, dass das Leben Veränderung ist.
Veränderung – die einzige Konstante im gesamten Universum.
Die Entscheidung, Teil der Veränderung zu sein, die das Leben
ausmacht.

Verändere dein Leben! Tu es bewusst!
Und beginne so, überhaupt erst zu leben, Mensch!

Willkommen auf einer Reise, die anzutreten du gekommen bist.

WESENTLICHES

ES REICHT!

So. Schluss mit den Mätzchen! Irgendwann ist es einfach genug.

Mir jedenfalls reicht es gewaltig. Da lebe ich in einem der reichsten Länder der Welt, mit Trinkwasser aus dem Wasserhahn, rund um die Uhr, mit Krankenversorgung für jeden, mit staatlichen Fangnetzen, mit der Chance auf Schulbesuch, ja, sogar einer Schulpflicht und all dieser Dinge mehr. Ich lebe in einem Land, in dem niemand verhungern muss, sondern in dem mehr als jeder Zweite übergewichtig ist laut Statistischem Bundesamt.[1] Das nenne ich mal Fülle!

Leider ist dies anscheinend überwiegend nur eine Fülle in der Körperform. Denn innen sieht es ganz anders aus. Oder wie sonst erklärt man sich ausgebrannte Menschen, jammernde Menschen, depressive Menschen, Selbstmörder, Volkssterben durch Kinderschwund, kurzum: Tod und Elend, wohin man auch nur blickt?

»Gut«, sagst du jetzt vielleicht, »die Engl übertreibt doch maßlos.« Mag sein. Vielleicht aber auch nicht. Denn wenn ich eines weiß durch meine gesammelten Erfahrungen in den letzten Jahren, dann das:

> > **Nicht alle, die nach außen zufrieden zu sein scheinen, sind es auch wirklich.**
> > **Nicht alle, die zufrieden sein könnten, sind es auch.**
> > **Es gibt bei uns kaum Menschen, die wirklich glücklich sind.**

1 Diesem zufolge waren im Jahr 2013 52 Prozent aller Deutschen übergewichtig, wobei als Maßstab ein BMI (Body Mass Index) von 25+ gilt.

Dafür gibt es so viele Gründe wie Menschen. Na ja, genauer gesagt: wie Egos[2]. Allerdings habe ich keine große Lust, eine von ganz wenigen zu sein, die dazu bereit ist, das eigene Leben total zu verändern, um endlich selbstverwirklicht, selbstbestimmt und voll von Lebensfreude hier ihr Dasein zu gestalten. Ich habe keinen Bock mehr auf: »It's lonely at the top!« Viel schöner fände ich es, wenn wir »hier oben« ganz, ganz viele wären. Denn ich kann euch sagen: Hier ist es viel schöner (und dabei bin ich vermutlich gerade erst mal im Basislager)! Fest steht aber: Es gibt genug Platz für alle!

Ich will dir nichts vormachen. Im Grunde habe ich sehr egoistische Motive, dieses Buch zu schreiben. Denn *ich* will eine Gesellschaft, in der es natürlich ist, sich selbst zu (er-)kennen, sich zum Ausdruck zu bringen und sich dabei wohlzufühlen. Ich will eine Gesellschaft, die solche Menschen nicht herablassend betrachtet, sondern sie achtet und respektiert. Ich will eine Gesellschaft, in der Lernen so möglich ist, wie es von führenden Neurobiologen wie Prof. Gerald Hüther seit Jahren als sinnvoll erachtet wird – also ohne Dauerzwang, dafür mit viel Raum zur Potenzialentfaltung. Ich will eine Gesellschaft mit weniger Stöcken in den Ärschen und mehr Leuchtfeuern in den Herzen. Ich will eine Gesellschaft, in der ich beim Spazierengehen und im Supermarkt lächelnden Menschen begegne, die es wagen, mir in die Augen zu blicken. Menschen, die echt sind. Die weinen, wenn ihnen nach Weinen zumute ist. Die andere weinen lassen, wenn denen

---

2 Als »Ego« bezeichne ich Gedankenkonstrukte, Prägungen, Verhaltensmuster etc., die wir von anderen irgendwann übernommen oder uns selbst ausgedacht haben und an denen wir festhalten, obwohl sie in Wahrheit mit uns nichts zu tun haben.

danach zumute ist. Ich will Menschen, die schreien, lachen, tanzen, toben, kreischen, singen, malen, erschaffen, lieben, leiden, wieder lieben, bis sie irgendwann nicht mehr leiden. Kurzum: Ich will lebendige Menschen um mich herum haben! Und nicht mehr das Gefühl haben, ich würde in einem Zombiezoo umherwandern.

So. Das will ich.
Und was mache ich nun?

Ich mache weiter mit dem Sinnvollsten, was mir vor Jahren dazu eingefallen ist. Ich verändere mich. Hin zu mir selbst, zu meiner Essenz. Weiter und weiter, bis die letzte Kunstschicht von mir abgefallen ist. Weil es keinen Sinn macht, an seinem Spiegelbild herumdoktern zu wollen – auch wenn der Gedanke, dass man selber toll ist und die anderen leider doof, sehr verführerisch ist. Aber mindestens ebenso sinnfrei.

Neben meiner Arbeit und durch meine Arbeit an mir selbst ermutige ich andere Menschen dazu, das auch zu tun.
Dabei mache ich keine Blitzheilversprechen. Ich sage auch nicht, dass dieser Weg und diese Art zu leben immer leicht ist.
Aber es ist in jedem Fall leichter, als insgeheim oder auch offenkundig nicht glücklich zu sein und in diesem Zustand zu verharren. Eingesperrt in einer Art zu leben, die einem Dauersterben gleicht.

Darum habe ich dieses Buch geschrieben. Ich rufe dir zu: »Verändere dein Leben!« Und werde Teil einer Gesellschaft voller

Spinner, Fantasten, Utopisten, Weltverbesserer, Gutmenschen, Liebender, Lebendiger!
Werde Lebensretter! Indem du erst dich rettest und dadurch andere.

Verändere dein Leben!
Damit du endlich eines hast.

Ich freue mich auf dich!
Und die Wahrheit ist: It's great here at the top!

Unsere Gesellschaft hat die beste Ausgangsposition, um sich auf innere Erfülltheit auszurichten – für eines der reichsten Länder der Welt sollte das möglich sein.

Du veränderst dich sowieso und dein Leben sich auch, in jedem Moment. Es wird schöner, leichter und angenehmer, wenn du das bewusst mitbekommst und mitgestaltest!

Veränderung heißt: lebendig sein!

WARUM DU NICHTS ZU VERLIEREN HAST

Weil du ohnehin stirbst.

»Oh Gott! Ich bin 1000 Tode gestorben!«

Sarah kam vom Freizeitpark nach Hause. Ihre Cousine Anja hatte sie dazu überredet, in die Achterbahn mit dem Looping zu steigen – und das trotz ihrer Höhenangst. Anja wusste das sehr wohl. Sie hatte eine diebische Freude dabei, eine Dreiviertelstunde lang auf Sarah einzureden und sie schlussendlich dazu breitzuschlagen, endlich in dieses Ding einzusteigen.

Von der Anfahrt des Achterbahnwagens bis hin zum Aussteigen hatte Sarah nur geschrien. Man hatte sie bis in den letzten Waggon gehört. Als sie dann wieder Boden unter den Füßen hatte, wütete sie und schimpfte auf Anja. Zumindest die ersten paar Minuten. Dann aber stellte sich ein anderes Gefühl ein. »Wow, habe ich das wirklich getan? Habe ich wirklich meine Riesenangst überwunden und bin da mitgefahren? Und ich habe es überlebt!«

Später als sie ihrem Mann zu Hause davon berichtete, war alles Kreischen und Fluchen längst verflogen. Was sich stattdessen bei ihr einstellte, war Stolz in ihrer Brust, mit dem sie von ihrer Heldinnentat erzählte. Bei dem Satz »Oh Gott, ich bin 1000 Tode gestorben!« lachte sie laut. Ihr Mann war erstaunt, kannte er seine Frau doch nur als absolute Angsthäsin, wenn es um Höhen ging.

Ja, als sie von diesem Erlebnis berichtete, sprühte sie geradezu vor Energie!

Gerade, als sie dachte, sie müsse sterben, begann Sarah, ein Stück weit mehr zu leben.

Wer anfängt, sich mit sich selbst zu beschäftigen, und sich der Frage stellt, warum man ist, wie man ist, wird irgendwann zwangsläufig seinen Ängsten[3] begegnen. An der Oberfläche scheint es Tausende davon zu geben: die Angst vor Höhen, die Angst vor Spinnen, die Angst vor Krankheit, die Angst vor dem Verlassenwerden, die Angst vor Ärger, die Angst vor Beziehungen, die Angst vor Einsamkeit, die Angst vor … Merkst du was? Immer hat man Angst VOR etwas, also vor etwas, das VOR einem in einer möglichen Zukunft liegt. In einer möglichen Zukunft, nicht in der real existierenden Gegenwart. Weil die Zukunft eben noch nicht da ist. Was existiert, sind die negativen Gedanken, die wir in Bezug auf eine mögliche Zukunft haben. Oder die negativen Gefühle, die sich einstellen, zum Beispiel beim Anblick einer Spinne. Wir haben meist gar nicht vor der Spinne Angst (hier in Westeuropa werden selten Todesfälle durch Giftspinnen gemeldet). Wir haben Angst davor, dass sie uns etwas antun *könnte*. Oder dass es total eklig *wäre*, wenn sie auf unserer Haut krabbeln *würde*. Oder noch irgendetwas Irrationales, wofür die arme Spinne letztlich gar nichts kann. Weil es nichts mit ihr, sondern mit meinem Denken zu tun hat. Wäre dem nicht so, gäbe es keine

---

[3] Wenn bei meiner Arbeit oder in meinen Büchern von »Angst« die Rede ist, sind immer die irrationalen Szenarios gemeint, die der Geist sich in Bezug auf eine eventuelle Zukunft ausmalt, die jedoch de facto in der Gegenwart keine Bedrohung darstellen. Dazu im Gegensatz stehen instinktiv ausgelöste Ängste, die auf eine tatsächliche Bedrohung des Lebens hinweisen. Diese sind hier aber nicht gemeint.

Menschen, die *keine* Angst vor Spinnen hätten. Jeder furchtlose Recke und jede tapfere Heldin, der bzw. die schon Kreischende vor diesen Tieren »gerettet« hat, weiß, was ich meine. Man steht fassungslos neben diesem winzigen Tier und hat keine Ahnung, wieso es einen anderen Menschen zu Schweißausbrüchen oder hysterischen Anfällen verleiten kann.

So wie Bruno, mein Freund aus Brasilien, keine Ahnung hat, wieso wir Deutschen uns wegen der Altersversorgung dermaßen ins Hemd machen. Als ich ihm erklärte, was eine Lebensversicherung ist, hat er schallend gelacht. Und ich mit. Ich meine, allein das Wort ist witzig! Ich versichere mein Leben für den Todesfall. Erfindungsreicher als die Marketingtypen von Versicherungen sind echt nur wenige. Wobei sie in Deutschland (und vermutlich auch in Österreich und in der Schweiz) schon relativ leichtes Spiel haben. Angst wird uns in diesem Kollektiv in die Wiege gelegt,[4] und die Lösung gleich mit: Versicherungen. Die Liste, wogegen oder wofür man sich in diesem Land versichern kann, ist unglaublich lang. Dabei steht die Vorsilbe »ver« im Deutschen dafür, dass man etwas weggibt. Eigentlich heißt »versichern« also, dass du deine Sicherheit aus deinen Händen gibst. Genauer gesagt: das Gefühl, sicher zu sein. Dann bezahlst du Geld dafür, dass ein anderer dir dieses Gefühl wiedergibt. In Wahrheit handeln erst einmal Versicherungen nicht mit Materiellem, sondern mit Gedanken und Gefühlen. Manchmal merken das die Leute. Zum Beispiel, wenn sie dachten, sie wären gegen diesen oder jenen Schadensfall ver-

---

4 Wusstest du, dass das deutsche Wort »Angst« in den englischen Sprachgebrauch eingegangen ist? Es ist auch besser bekannt als »German Angst«, also »deutsche Angst«, und unterscheidet sich von der »gewöhnlichen« Angst, der »fear«.

sichert (weshalb sie sich bis dato sicher gefühlt hatten), dann aber nichts ausbezahlt bekommen wegen Klausel 45, Absatz 4b. Au-ßer Spesen ist dann nichts gewesen. Na ja, immerhin konnte man sich bis zum Tag X sicher fühlen, das ist ja mal was. Interessant ist im Übrigen auch, dass im Zusammenhang mit uns Deutschen gerne von »überversichert« die Rede ist. Kann man ja mal so stehen lassen.

Wovor fürchten wir uns aber wirklich? Vor Hagelschäden? Vor Diebstahl? Vor Kratzern im Autolack? So banal es scheinen mag, so wahr ist es doch: Wir fürchten uns immer vor dem Tod. Quatsch? Nun, ich will mal bei den Hagelschäden bleiben, um es zu erklären.

Durch den Hagel entsteht dir ein Sachschaden, sagen wir mal am Auto. Könnte dir ja egal sein. Aber das willst du nicht. Denn du hast einst beim Autokauf für ein schadenfreies Auto Geld bezahlt. Mit dem Schaden ist es weniger wert. Der Hagelschaden bedeutet also Verlust von Geld. Geld, für das du Lebenszeit gegeben hast. Du hast dich zum Beispiel in eine Fabrik gestellt und etwas ausgestanzt, anstatt mit deiner Familie im Park zu liegen und zu picknicken. Weil du auf viel schönere Dinge verzichtet hast, um auf unfreudige Art Geld zu verdienen, willst du nicht, dass dir diese Dinge ebenso wie die verlorene Zeit mit deiner Familie durch die Finger rinnen. Diese Angst basiert auf der Idee, dass Geld in deinem Leben Mangelware oder zumindest nur begrenzt verfügbar ist. Wüsstest du sicher, dass Geld unbegrenzt vorhanden ist oder dass das, was du dir für Geld gerne kaufst, dich nichts mehr kostet, wäre dir der Hagelschaden wohl egal. Du könntest ihn reparieren lassen. Oder einfach ein neues Auto kaufen. Oder ihn so lassen, das würde keine Rolle spielen. Doch das glaubst du eben nicht. Deine Erfahrung ist anders. Geld ist begrenzt verfügbar, und du musst dafür arbeiten. Arbeiten heißt hier: Dinge tun, die du ohne Bezahlung nicht oder viel weniger tun würdest in deinem Leben. Du verkaufst, und das möchte ich noch mal betonen, Lebenszeit für Geld. Dadurch lebst du in dieser Zeit nicht, sondern du funktionierst.[5] Nicht leben heißt: tot zu sein. Im Grunde bedauerst du also im Schadensfall durch Hagel nicht genutzte Lebenszeit. Und du hast gleichzeitig Angst davor, dass dein Geld weniger wird, weil dir ein Schaden entstanden ist. Wodurch du noch mehr arbeiten müsstest, um auf dem gleichen Level zu bleiben. Also noch weniger leben, noch mehr sterben, und das bei wachem Bewusstsein. Das ist ein bisschen wie operiert werden und alles mitzubekommen, statt betäubt zu sein. Na ja, der Vergleich hinkt. Denn wir sind so konditioniert, dass du diesen Vergleich, wenn du ihn liest, vermutlich erst mal als völlig absurd abtun wirst. Du findest das wahrscheinlich »an den Haaren herbeigezogen« oder »künstlich zurechtgeschustert«. Verstehe ich. Denn es ist nicht einfach, das zu akzeptieren.

Der Clou ist aber der: Du gibst Lebenszeit, um dir ein Ding zu kaufen (hier: ein Auto). Das Ding brauchst du, um die Arbeit machen zu können, durch die du das Ding kaufst, das du brauchst, um diese Arbeit machen zu können. »Ohne Auto komme ich nicht zur Arbeit!« Weil deine Zeit kostbar ist und demzufolge dein erarbeitetes Geld, und weil du denkst, dass das alles – deine Lebenszeit

---

5 Außer, du tust, was du liebst, und liebst, was du tust. Das tun aber (noch) recht wenige, oder sie verdienen kaum Geld damit.

wie auch das Geld – begrenzt ist, entsteht eine Angst. Der Gedanke daran, dass »alles einfach weg sein könnte«, schnürt dir die Luft zum Atmen ab. Da kommt der nette Mann von der Versicherung und sagt: »Stellen Sie sich mal vor, wenn ein böser Hagel kommt, dann ist ihr Auto beschädigt, und es ist weniger wert! Ihr schönes Auto, ihr schönes Geld!« Und du fühlst dich so verstanden! »Wenn Sie mir jetzt ein bisschen von Ihrem Geld geben, dann bezahle ich im Schadensfall Ihren Verlust. Ist das nicht wunderbar?« Und du nickst, dankbar und zufrieden. Eine Sorge weniger! Allerdings musst du jetzt wieder etwas mehr arbeiten und damit noch mehr Lebenszeit geben, weil der Versicherungsmann ja auch Geld von dir will. »Aber im Vergleich zum möglichen Schaden kaum der Rede wert«, versichert er dir.

Was für ein verrückter Zirkus, diese Welt hier![6]

Das alles würde nie, nie, niemals stattfinden, wenn wir nicht glauben würden, dass unsere Lebenszeit begrenzt ist. Genauer gesagt: unsere Energie. Wir haben Energie einfach in unterschiedlicher Form auf die Erde gebracht, zum Beispiel in Form von Geld. Diese Form halten die meisten für besonders begrenzt. »Aber sie IST begrenzt!«, rufst du jetzt aus und fühlst dich im Recht. Ja, scheinbar schon. Atheisten sind sich ihrer Sache, was das totale Ende angeht, sogar todsicher. Ich bin da ein bisschen entspannter, weil ich glaube, dass dieses Leben einfach eine Station von

---

6 Bevor alle Versicherungen und ihre Vertreter jetzt auf die Barrikaden gehen: Es ist schön, dass es euch gibt! Und wäre es nicht noch schöner, wenn die Menschen sich BEWUSST für eine Versicherung entscheiden würden? Wenn ihnen klar wäre, was sie tun und weshalb sie es tun und dann trotzdem eine abschließen? Wenn Sie keine Angst davor haben, dass die Kundschaft im Bewusstseinsfall ausbleibt, dann können Sie den Ansatz ja unterstützen. Mir ist das alles klar, und ich bin auch immer noch krankenversichert. Noch zumindest.

vielen ist. Ich halte Energie für grenzenlos. Manchmal komme ich mir vor wie in einem Computerspiel. Wenn ich geschickt bin und Fallen umgehe bzw. sie löse, schaffe ich es ins *next level*. Irgendwann, wenn ich alle Level durchhabe, ertönt die Siegerfanfare, und ich wache auf. »Herzlichen Glückwunsch, Alpha 10/3,4!«, sagt dann jemand. »Ich hoffe, Sie hatten Spaß bei diesem Spiel.« – »Oh«, werde ich dann sagen und mir die Augen reiben, »wirklich beeindruckend! Ich dachte während des Spiels wirklich, ich wäre Silvia Maria Engl. Ich hatte total vergessen, dass ich unendlich bin und unbegrenzt in meinen Fähigkeiten. Verblüffend!« – »Ja, unsere Spieledesigner haben sich wirklich große Mühe gegeben und wir haben keine Kosten gescheut, um Ihnen dieses Erlebnis möglich zu machen. Falls Sie mal wieder Lust auf ein Spiel haben, wir hätten da noch viele Varianten. Sie können gerne auch mal einen Schurken im Mittelalter spielen. Oder einen Philosophen in der Antike. Oder eine andere Wesensform in einer anderen Galaxie. Tolle Programme und alle in gefühlter Echtzeit mit Topgrafiken!«

Unwahrscheinlich?
Mag sein. Aber möglich.

Ich will hier auch keinen spirituellen oder philosophischen Diskurs vom Zaun brechen. Kann ja jeder glauben, was er will. Ich finde es nur erstaunlich, wie viele Menschen etwas glauben *wollen*, das sie unglücklich macht. Nur, damit sie weiter recht haben. Wer von uns weiß (!) denn schon, was nach dem Tod kommt? Ich kenne zwar ein paar Menschen mit Nahtoderfahrungen und ihre Berichte. Aber auch das sind für mich nur Erzählungen. Ich selber habe keine gemacht. Also kann ich nur etwas glauben. Wenn ich aber schon etwas glaube, dann doch etwas, was mir gute Gefühle verschafft. Denn jedes Gefühl basiert auf einem Gedanken. Das geht so schnell, dass wir das meist gar nicht mitbekommen. Ja, auch ich sitze immer noch so manchem Mist in meinem Geist auf. Ich habe aber immerhin schon eine enorme Entwicklung hingelegt, wie ich finde. Davon wirst du im Laufe des Buches auch immer wieder etwas erfahren. Einfach deshalb, weil dich die Beispiele ermutigen sollen, auch für dich einen besseren Weg zu finden. Wenn das Leben schon ein Spiel ist, dann spiele ich lieber mit Freude und Spaß als mit Frust, Ärger, Zorn und Neid. Wobei die auch ihren Platz haben dürfen – solange ich meine, das zu brauchen.

Letztlich ist es ein Balanceakt, wie alles im Leben. Glauben, dass man in Wahrheit ewig lebt, weil diese Daseinsform eine Illusion ist, und so innere Ruhe zu haben, und so zu leben, als wäre es der letzte Tag, um alles intensiv und achtsam zu genießen, wahrzunehmen und wirklich zu leben – das ist eine Mischung, die geübt sein will.

Die *gewollt* sein will.

Es ist deine Wahl. Willst du weiterhin an Dinge glauben, von denen du nicht wissen kannst, ob sie wirklich wahr sind, die in dir aber schlechte Gefühle wecken? Oder bist du bereit, deine vermeintliche Denkstube mal gründlich zu entmisten? Und den neuen Raum für Gedanken zu nutzen, die dein Herz zum Singen bringen? Oder sogar Raum zu lassen für Stille? Für Frieden? Für Sein? Also für die ganz krassen Sachen!

Wer sein Leben verändern will, *wirklich* verändern und nicht nur ein bisschen, der wird um die Beschäftigung mit Spiritualität nicht herumkommen. Er wird nicht um die Frage herumkommen, wieso er den Tod so sehr fürchtet. Dieser Mensch wird sich dieser Angst stellen müssen, mit all ihren unterschiedlichen Gesichtern, wieder und wieder, Level für Level in seinem Spiel des Lebens. Und er wird dadurch nicht umhinkommen, in sich Dinge zu entdecken, die ihn zwangsläufig glücklicher machen. Lebendiger. Wahrhaftiger.

Falls du bis hierhin gelesen hast, bist du vermutlich bereit dazu, dein Leben zu verändern. Auch wenn du noch keine Ahnung hast, wie das gehen soll.
Ich kann dir kein Patentrezept, das für alles und jeden gilt, nennen. Aber ich kann dir sagen, was mir bei meiner Reise unendlich hilft. Was anderen Menschen schon enorm geholfen hat. Und was auch dir vermutlich helfen kann, wenn du nur dazu bereit bist, dich darauf einzulassen.

Dazu braucht es auch deine Bereitschaft, dich dem Einfachen zu öffnen. In unserem Kulturkreis hat man es gerne schwierig. Je schwieriger die Prüfung, desto größer das Erfolgserlebnis. Darum wollen es so viele mit einfachen Rezepten gar nicht erst versuchen. »Das kann ja jeder!«, »So einfach kann das nicht sein!«, »Wenn das so einfach wäre, dann würden es ja alle so machen!« Pustekuchen! Es ist Zeit für die Rückkehr zum Einfachen. Glaub mir, das ist für uns in Wahrheit schwer genug.

Also, wie sieht's aus? Willst du weiter jeden Tag vor dich hinsterben, unzufrieden, unerfüllt, in deiner Sicherheitszone erstarrt, voller Angst vor Geldmangel, vor Risiken, vor Unbekanntem? Oder willst du dem Leben eine Chance geben?

Egal, was deine Religion (nicht) ist, egal, woran du (nicht) glaubst: Dein Ego suggeriert dir so oder so, dass du sterben wirst, zumindest körperlich. Wenn du aber eh stirbst, dann kannst du nichts verlieren. Außer Zeit. Wenn du dir aber mal bewusst machst, wie viel Zeit du in deinem Leben jetzt schon nicht lebst, sondern vor dich hinstirbst, dann ist das Verlustrisiko praktisch null, die Gewinnchance aber enorm, oder?

Zeit, den ersten Schritt zu gehen. Zeit, dich zu verändern. Zeit, dich aus dir heraus neu zu gebären und endlich, endlich zu leben. Denn in Wahrheit hast du gar keine Angst vor dem Tod. Du fürchtest dich nur davor, irgendwann zu sterben, und davor, nicht gelebt zu haben. Das ist der Unterschied zwischen denen, die lächelnd und erfüllt auf dem Sterbebett liegen, und denen, die winseln und flehen und nicht bereit dazu sind, dieses Leben hinter sich zu lassen. Reue plagt sie. Reue, ihr *eigenes* Leben nicht gelebt und nicht genug geliebt zu haben.

✦ ✦ ✦

Hinter deinen Ängsten warten die großartigs-
ten Erfahrungen auf dich! Erfahrungen sind das
Salz in der Suppe des Lebens, genieße sie! Alle!
Ja, alle!

Mach dir bewusst, dass du als »Erwerbstätige/-r«
Lebenszeit für Geld eintauschst. Tausche
also weise! Oder gar nicht mehr.

Das Leben ist ein Balanceakt. Tu alles, und lass alles,
was dich in Balance sein lässt, so gut es geht!

Hör auf, ein Roboter deiner Gedanken zu
sein, und fange an, dein Denken zu beob-
achten! Und ja, das ist (d)eine Wahl!

FÜR ALLE, DIE GLAUBEN, IHNEN FEHLE DER MUT ZU VERÄNDERUNGEN

Es kommt häufiger vor, dass Menschen meine Vorträge hören und danach auf mich zugehen mit den folgenden Worten: »Ich finde das so toll, was du machst! Und ich bewundere dich dafür, dass du dich das alles so traust. Ich würde mein Leben auch gern verändern. Aber mir fehlt einfach der Mut dazu.«

Bämm! Klappe zu, Affe tot.
Totschlagargument.
Kann man nix machen.

Irgendwann hat mal jemand die Idee gehabt, dass »mangelnder Mut« eine erstklassige Ausrede sei, um nichts verändern zu müssen und bei der niemand auch nur ansatzweise versuchen würde, einen zu überzeugen. Denn wem der Mut fehlt, … Tja, da ist eben Ende.

Deshalb möchte ich dir hier auch gerne sagen, was ich diesen Menschen entgegne, die mit großen, traurigen Kulleraugen vor mir stehen und es wagen, zu behaupten, ihnen fehle der Mut, um ihr Leben zu verändern:

»Du stehst jeden Morgen auf, um etwas zu tun, das du nicht liebst. Du lebst vielleicht sogar an einem Ort, an dem du nicht sein willst, von dem du aber denkst, dass du dort leben musst, wegen deiner »Umstände«. Du gibst dich mit einer Partnerschaft zufrieden, die man bestenfalls als mittelklassig bezeichnen kann. Deine Kinder treiben dich in den Wahnsinn, und du weißt nicht, wie du neben all diesem Mist auch noch das mit der Schule auf die Reihe kriegen sollst. Noch nie hast du eine große Reise gewagt, träumst immer nur davon und bleibst dann doch da. Du gehst an Schaufenstern vorbei, und du spürst jedes Mal einen Stich in deinem Herzen, weil du Dinge siehst, die du gerne hättest, um dich darin wie eine Königin zu fühlen, von denen du aber weißt, dass sie dir so nie leisten kannst. Du isst mit Pestiziden verseuchtes Obst und Gemüse, obwohl du lieber Biowaren essen würdest, die dir aber zu teuer sind. Du würdest gerne tanzen, ausbrechen, wild sein, Seminare besuchen, die dich voranbringen, schrille Farben tragen und mit dem Tandem durch die Welt radeln – und sitzt jeden Abend vor dem Fernseher. Du verzweifelst, weil du spürst, dass da ein Leben ist, das dir gebührt, für das du die Gebühren aber nicht aufbringen kannst. Du fühlst die Rebellin in dir, den Revoluzzer – und tust brav, was alle von dir erwarten. Du merkst, wie du jeden Tag deines Lebens vor dich hinstirbst, weil du dich nicht entfaltest; weil du die Raupe bist, die in ihrem Kokon erstickt.

Das alles weißt du, fühlst du, kennst du.

Und du bleibst trotzdem.

Jeden Tag, wenn du aufstehst, siehst du diesem Grauen ins Gesicht. Und statt einfach (!) zu gehen, bleibst du da. Stellst dich dem nächsten ätzenden Tag. Dem nächsten ätzenden Konflikt. Der nächsten ätzenden Wiederholung der immer gleichen Tage.

Wow! Das nenne ich mutig! Denn du wagst es, jeden Tag einem Monster in sein Antlitz zu blicken und zu sagen: >Pah, du bist grausam, wie du bist, Leben, aber ich weigere mich, ein anderes als dich zu leben! Komm doch, und friss mich auf! Komm doch, und mach mich krank! Ich bleibe!<

So viel Mut hatte ich nicht.

Im Übrigen geht auch mir nach wie vor manchmal der Popo noch auf Grundeis. Ich warte nur aufgrund meiner Ängste und Befürchtungen nicht zwingend, um auf meine Intuition zu hören, die mir rät, den nächsten Schritt zu tun. »Angst vor …« wird nämlich oft einfach als wunderbare Ausrede benutzt, um nicht loszulegen.

Jeder Mensch trägt Mut in sich, in genau
dem richtigen Maße für ihn oder sie.
Wir benutzen mangelnden Mut nur gerne als
Ausrede, um beim Alten bleiben zu können.

Ganz schön clever, oder?

Es ist deine Entscheidung, ob du deinen Mut
in dir wiederentdecken willst oder nicht!

FRAGWÜRDIGES

DIE MACHT DER »RICHTIGEN« FRAGEN

FRAGE IST NICHT GLEICH FRAGE

»Wie bitte? Ich soll Fragen stellen lernen? Hallo? Fragen habe ich genug. Ich will Antworten!«

Das ist ein vollkommen verständlicher Einwand. Und doch kann ich dir sagen, dass viele Menschen, die Veränderungen und sich selbst verwirklichen wollen, zunächst einmal nicht an mangelnden Antworten scheitern, sondern daran, die »falschen« oder – noch weniger hilfreich – keine Fragen zu stellen.

Wie du bereits bemerkt hast, setze ich hier »richtig« oder »falsch« in Anführungszeichen. Es ist fragwürdig, ob so eine Kategorisierung funktioniert. Darum möchte ich dir gerne erklären, was ich unter einer »richtigen« und was ich unter einer »falschen« Frage verstehe, damit ich im Anschluss die Anführungszeichen weglassen kann und wir uns klar verstehen.

Eine Frage ist nicht einfach eine Frage.
Eine Frage ist eine Absichtserklärung.
Stelle ich eine Frage, sende ich damit an das Leben oder auch einfach an mein Unterbewusstsein eine Absicht, ja, sogar eine Art Befehl:
»Finde die Antwort, und bring sie zu mir!«

Dabei gilt es, die Frage so zu formulieren, dass die entsprechende Antwort deinem Vorankommen dient. Das ist dann eine »richtige« Frage. Dazu muss sie präzise, klar und auf ein Ziel ausgerichtet sein.

Im Gegensatz dazu stehen blockierende Fragen. Mit ihnen impliziere ich Dinge, die ich lieber nicht implizieren sollte. Ich setze in der Fragestellung schon voraus, dass ich (dauerhaft) in Not und Elend gefangen bin. Oder sie sind einfach nicht auf ein mir dienliches Ziel ausgerichtet. Zwar kommen dann die Antworten, doch sie bringen mich nicht weiter. Oder ich erkenne die Antwort als solche nicht einmal, weil ich eine bestimmte Vorstellung davon hatte, wie die Antwort auszusehen hat. Und ich glaube deshalb, ich würde nicht gehört und keine Antworten bekommen. Ziel verfehlt bzw. nicht erreicht. Das sind demzufolge die »falschen« Fragen.

Mit den immer wieder gleichen, blockierenden Fragen tue ich genau das – mich selber blockieren.

Willst du wirklich eine Antwort, oder fragst du nur, um verdeckt jammern zu können?

Eine zweckdienliche Frage zu stellen, ist eine Absichtserklärung an das Leben.

WIE DU DICH MIT DEINEN ALTEN FRAGEN IMMER WIEDER SELBER BLOCKIERST

Schauen wir uns mal ein konkretes Fallbeispiel an, damit der Unterschied zwischen »richtigen« und »falschen« Fragen etwas klarer wird. Fangen wir dazu mit den blockierenden Fragen an. Ines' Beispiel wird uns dabei helfen.

Ines sitzt mir gegenüber. Ein einziges Häufchen Elend, so scheint es. So vieles hat sie schon versucht, um endlich glücklich zu werden. Doch was sie auch anpackt, nichts scheint zu klappen.

»Warum gelingt mir einfach nie was?«, fragt sie mich, Tränen in den Augen.

Das ist eine blockierende Frage. Denn sie beinhaltet eine postulierte Wahrheit. Ines behauptet vor sich selbst (und anderen), dass ihr nie etwas gelingen würde. Sie stellt das nicht infrage, sie behauptet es mit dieser Frage! Das ist ein ge-hör-iger Unterschied. Denn tatsächlich hört sie das immer wieder in ihrem Kopf. Eine sich fast zwangsläufig selbsterfüllende Prophezeiung.

Heißt das, Ines produziert am laufenden Band nur Pech damit? Ist das so, weil unsere Gedanken alles um uns herum erschaffen? Mitnichten. Das kann so sein, muss es aber nicht. Tatsächlich entpuppen sich diese »Wahrheiten« bei näherem Hinsehen meist als nicht wahr. Was aber durch dieses Denken passiert, ist, dass sich ein Filter über die Wahrheit legt. Wer felsenfest wie Ines glaubt, dass ihm oder ihr nie etwas gelingt, der wird immer nur das Missglückte wahrnehmen und sich dadurch bestätigt fühlen. (Wir wollen eben immer recht haben, sogar, wenn das Leid bedeutet – verrückt, oder?) Was Ines wegen dieses Filters nicht sieht, sind all die vielen kleinen und wohl auch großen Dinge, die sehr wohl klappen, die sie dann aber entweder nicht sich selbst zuschreibt, die sie abtut oder einfach gar nicht wahrnimmt, weil sie nicht in ihr Weltbild einer scheiternden Ines passen.

Mit dieser Frage erzähle ich mir selber also immer wieder, dass ich nichts gebacken kriege. Die Antworten auf diese Frage können also nichts anderes, als die Wahrheit hinter der Frage zu bestätigen!

Und mal ehrlich: Wollen wir auf so eine Frage wirklich eine lösungsbringende Antwort? Oder wollen wir uns nicht einfach ein wenig in unserem Elend suhlen und um Mitleid und Aufmerksamkeit heischen?
Na?

Gut. Ines hat jetzt den Weg zu mir gefunden. Anscheinend ist zumindest ein Teil von ihr für Veränderung bereit. Fordern wir sie mal auf, ihre Frage positiver zu formulieren. Daraufhin überlegt sie und fragt nun:

»Meinst du, ich werde je wirklich glücklich sein können in meinem Leben?«

Das ist einfach. Dazu braucht man nicht mal intuitive Fähigkeiten. Die Antwort lautet: Ja, natürlich! Jeder Mensch besitzt in sich das

Recht und die Fähigkeit, glücklich zu sein. Die Frage ist nur, … Na, kommst du darauf? Was ist die Frage hierbei?

Richtig. Ob er es wirklich will. Nein, nein, nicht, ob er kann. Ob er *will*.

Dem deutschen Vorzeigeunternehmer Götz Werner schreibt man den Spruch zu, dass der Mensch, der will, auch Wege findet. Wer nicht will, findet Gründe. Einer meiner Lieblingssprüche, der die Karten klar auf den Tisch legt.

Was ist das aber nun für eine Frage von Ines? Sie ist in jedem Fall sehr oberflächlich. Sie fragt nicht nach etwas Konkretem, sie fragt nicht, was man selbst zum Glück beitragen könnte. Im Grunde zielt sie darauf ab, sich ein Trostpflaster zu holen. Denn wenn jemand mit hohen intuitiven oder anderen beeindruckenden Fähigkeiten sagt: »Ja, sicher!«, dann kann man zumindest für kurze Zeit getrost aufschniefen und Hoffnung schöpfen. Mit einem dauerhaften, lösungsorientierten Ansatz hat das aber nichts zu tun. Ist auch nicht gewollt in diesem Moment, denn sonst würde die Frage ja anders lauten.

Mit blockierenden Fragen behauptest du, dass alles
immer schlecht läuft bei dir und nie etwas richtig.

Du betonst für dich selber immer wieder deinen
Opferstatus – was für eine glücklich machende Veränderung aber wenig zweckdienlich ist, meinst du nicht auch?

ROAD
CLOSED

WERDE DIR BEWUSST:
WAS WILLST DU WIRKLICH WISSEN?

Natürlich tut Ines all das nicht bewusst. Die wenigsten Menschen bekommen mit, was sie da eigentlich den lieben langen Tag so treiben. Niemand ist manipulativ, niemand ist gemein und egoistisch – das sind natürlich immer nur die anderen. (Nur: Wer ist es dann, wenn es keiner ist?) Nein: Man selber ist der beste Mensch überhaupt und leidet immer wieder, man ist das Opfer anderer oder von heimtückischen Schicksalsschlägen.

Stimmst du jetzt aus vollem Herzen zu, werden weder ich noch dieses Buch wirklich etwas für dich tun können. Dann leg es jetzt wieder in das Bücherregal, oder verschenke es weiter. Denn wenn du nicht bereit dazu bist, diese Sichtweise abzulegen, wirst du schwerlich dein Leben nach deinen Wünschen gestalten können.

Sein Leben nach den eigenen Wünschen gestalten kann nur jemand, der dazu bereit ist, zu 100 Prozent die Verantwortung für sein Erleben zu übernehmen!

Da steht übrigens: »Erleben«, nicht »Erlebtes«. (Nur, falls du gerade auf die Palme gehen solltest wegen dieses »Unsinns«.)

Um Fragen stellen zu können, deren Antworten uns *wirklich* weiterbringen, brauchen wir also Bewusstsein. Ein Bewusstsein dafür, was ich *wirklich* will, was mich *wirklich* interessiert und was mir *wirklich* weiterhilft. Das kann oftmals erheblich von dem wegführen, was wir eigentlich meinten, wissen zu wollen. Jeder Konflikt im Leben ist letztlich eine Beziehungsstörung, die eine tiefer liegende Ursache hat. Und bevor du dich jetzt schon wieder aufregen musst:

»Beziehungen« ist ein weitreichender Begriff, der nicht synonym ist mit dem deutschen Wort »Partnerschaft«, auch wenn er häufig so gebraucht wird.

Du hast eine Beziehung zu deinen Eltern (auch wenn sie schon verstorben sind), du hast eine Beziehung zu deinem Haustier. Du hast eine Beziehung zu Geld, zu unserem Planeten, und allem voran: zu dir selbst.

Wären all diese Beziehungen heil, dann würdest du dieses Buch gar nicht erst in Händen halten. Das darf man ruhig mal verstehen und anerkennen. Ist ja auch nicht schlimm! Die Dinge sind, wie sie sind. Und das, was ist, gilt es, zu betrachten und einfach zu akzeptieren. Erst wenn man eine sachliche Bestandsaufnahme vorgenommen hat, ergibt es Sinn, sich über sinnvolle, dienliche Änderungen Gedanken zu machen. Vorher plärrt nur das Ego bzw. ein verletztes Inneres Kind. Und von beiden würde ich nicht behaupten, dass sie gute Ratgeber sind.

Auch bei Ines gibt es eine Beziehungsstörung. Sie hat mit ihrer ersten Frage suggeriert, dass ihr nie etwas gelänge. Sie hat also eine gestörte Beziehung zu Erfolg. Nun kann ich dir, ungeachtet des Beispiels von Ines, nur raten:

Setz dich einmal in aller Ruhe hin, nimm dir Zeit, und definiere für dich selbst, was »Erfolg« für dich, ja, für dich, bedeutet!

Ich habe das vor einigen Jahren gemacht. Und ich war überrascht, was für mich alles mit diesem Begriff verbunden war. Seither ist mir viel klarer, was ich eigentlich *wirklich* will, wenn ich »erfolgreich sein« möchte. »Erfolg« ist kein abstrakter Begriff mehr und auch keiner, der auf Definitionen anderer beruht (meist hat er allein mit Geld und Status zu tun). Ich kann heute viel leichter überprüfen, ob ich in meinen Augen erfolgreich bin oder nicht. Und mir ist schnell klar, weshalb ich es gegebenenfalls nicht bin, was es mir ermöglicht, entsprechend zu handeln und mich neu auszurichten. So gehört Gesundheit zum Beispiel unbedingt mit hinein in meine Erfolgsdefinition. Wenn ich viel Geld auf dem Konto habe, aber wochenlang ans Bett gefesselt bin vor lauter Erschöpfung, dann würde ich niemals von mir behaupten, erfolgreich zu sein. Genauso wenig sähe ich mich als erfolgreich an, wenn ich kerngesund, aber völlig pleite wäre. Ich habe wunderbare Visionen und die lassen sich viel leichter mit Geld umsetzen. Außerdem habe ich es verdient, in Wohlstand zu leben – wie jeder Mensch im Übrigen. Zeigt sich diese innere Einstellung nicht in meinem Außen, dann gehe ich nach innen. Und finde den tief in mir vergrabenen Grund, der dafür sorgt, dass ich mein Leben anders erlebe, als ich es gerne eigentlich möchte. Das empfinde ich als lebenslange Aufgabe, die nur durch zwei Dinge beendet werden kann: durch das, was manche »Erleuchtung« nennen (ich sage dazu: »das Ende meiner Hausaufgaben«), und durch den Tod. Und weißt du was? Das erschreckt mich nicht im Geringsten. Lieber verwende ich meine Energie in Form von Aufmerksamkeit auf meinen geistigen (und damit auch körperlichen) Heilungsprozess als RTL II schauen, Dauerjammern und lebloses Funktionieren (das auch deine Energie verbraucht, weil du sie an andere abgibst).

»Es kostet mindestens genauso viel Energie, ein beschissenes Leben zu führen wie ein erfolgreiches.«
(Eugen Simon, Gründer des Projekts »Gedankendoping«)

Zurück zu den dienlichen Fragen für Ines. Zunächst einmal sollte sie sich klar machen, in welchen Situationen sie glaubt, »immer« zu versagen. Schnell stellt sich heraus, dass ihr, entgegen ihrer ersten Aussage (als Frage verpackt), sehr vieles gelingt. Sie mag ihren Partner, und sie führen eine gute Partnerschaft. Sie hat zwei Kinder, für die sie sehr dankbar ist, Alltagsgerangel hin oder her. Auch ist sie körperlich gesund. Gesunde wertschätzen dies sehr häufig überhaupt nicht, so auch Ines. Alleine diese Erkenntnis, dass sie vieles hat, was gut läuft, hilft ihr, ihr schiefes Bild von ihrem Leben etwas geradezurücken.

Was gelingt ihr also nicht?

Es stellt sich heraus, dass sie in zwei Bereichen andauernd auf Konflikte trifft, auf Beziehungsstörungen. Zum einen fühlt sie sich immer wieder hintergangen von Freundinnen (dies geht zurück bis zu ihrer ersten Kindergartenfreundin), zum anderen versucht sie seit drei Jahren, ein Business aufzubauen, das es ihr ermöglichen würde, auch für ihre Kinder da zu sein. Die Idee ist gut, das Konzept auch. Doch immer wieder gehen Dinge schief, Rechnungen werden nicht bezahlt, oder die Klienten bleiben ganz aus. Auch hier ist ihr Vertrauen erschüttert, allem voran mittlerweile das zu sich selbst.

Ines kann es zu diesem Zeitpunkt noch nicht sehen. Doch es gibt eine Verbindung zwischen diesen beiden Themen. Das wird sie selbst herausfinden, indem sie lernt, sich die richtigen Fragen zu stellen. Deshalb wählt sie einen der beiden Themenbereiche aus, vorzugsweise den, der sie jetzt gerade mehr belastet. Sie entscheidet sich (entgegen ihrer eigentlichen Absicht, ihr Business durch das Coaching zum Laufen zu bringen) für den Vertrauensbruch einer Freundin, weil das gerade sehr aktuell ist.

Mittlerweile hast du sicherlich verstanden, welche Fragen hier nicht ans Ziel führen. Moment mal, was ist denn eigentlich das Ziel? Ines braucht eine Weile, um sich dessen bewusst zu werden. Dabei ist es doch kein Wunder, dass wir das Gefühl haben, keine Ziele zu erreichen, wenn wir keine klaren Ziele haben! Diese zu setzen, erfordert eine Beschäftigung mit dir selbst, die unerlässlich ist, wenn du dir positive Veränderungen wünschst. Wohin willst du dich denn verändern? Was ist das Ziel deiner bewussten Veränderungen? Lass dabei das Wie erst einmal beiseite, dazu kommen wir später noch. Das Was darf und soll jetzt im Mittelpunkt stehen. Und um dem näher zu kommen, schauen wir uns jetzt an, welche Fragen an dich selbst und an das Leben dich so nicht weiterbringen und wie du sie zweckdienlich umformulieren kannst.

Sind dir deine Ziele absolut klar?
Kannst du sie laut und für jemand anderes
verständlich in drei Sätzen darlegen?

Ist dir bewusst, was du wirklich wissen willst?
Jenseits der Oberfläche deiner Frage?

Woher kommt deine Frage? Aus einem gesellschaft-
lichen Programm oder aus deinem Herzen?

BEISPIELE FÜR BLOCKIERENDE BZW. SINNFREIE FRAGEN UND IHRE ZWECKDIENLICHE UMFORMULIERUNG

Was eine blockierende Frage ist, haben wir vorhin schon geklärt. Das sind Fragen, die eine negative Behauptung beinhalten, also zum Beispiel:

»Warum bin ich so dumm?«
»Warum bin ich so hässlich?«
»Warum schaffe ich es nie, eine gute Leistung zu erzielen?«
»Wieso haben alle immer glückliche Partnerschaften, nur ich nicht?«

Besonders tückisch sind dabei Wörter wie »nie« oder »immer«, weil sie einen allgemeinen Wahrheitsanspruch stellen. Sie verstärken meine Rolle als Opfer, die ich bei diesen Behauptungen einnehme. Sie suggerieren, ich wäre dazu verdammt, für immer in dieser Sackgasse festzustecken.

Als »sinnfreie« Fragen bezeichne ich Fragen, die nirgendwo hinführen. Sie zu stellen, bedeutet einfach, heiße Luft zu verblasen, weil sie keinem erfüllenden Zweck dienen. Ein Klassiker, dem wir auf Seite 72 noch einmal begegnen, wäre etwa: »Wann kommt endlich mein Seelenpartner bzw. mein Traummann?« Ich glaube, an dieser Frage hat sich schon so manche Kartenlegerin gesundgestoßen. (Sei es ihr vergönnt!) Auch mir wurde diese Frage schon oft gestellt. Und ja, das eine oder andere Mal in meinem Leben habe auch ich sie gestellt. Nur habe ich immer wieder gemerkt: Egal, was die Antwort war, sie hat mich nie lange befriedigt. Es ist wie richtig Hunger haben und Fast Food bei einer billigen Hamburgerkette zu essen. Das stopft erst mal und befriedigt vielleicht auch emotional, vorläufig, aber recht rasch hat man wieder Hunger. Weil kein echter Nährwert dabei war. So ist das auch mit diesen Fragen. Denn in Wahrheit sollten wir uns für ganz andere Dinge interessieren, um nachhaltig glücklich zu werden. Das scheint nicht immer so lockend wie ein Megaburger mit Pommes, Cola und Schokoladenkuchen hinterher. Doch wer nahrhafte, gesunde Küche erst einmal gekostet hat, merkt rasch: Zu dem alten Mist will man gar nicht mehr zurück. Was eine gelegentliche Portion Pommes ja nicht ausschließt. Anders gesagt: Wer einmal erfahren hat, wie wohltuend, heilsam und nachhaltig die innere Arbeit an einem selbst ist, verliert nach und nach das Interesse an vermeintlich Heil bringenden Auskünften von (mehr oder minder) medial begabten Menschen, Orakeln oder Ähnlichem. Eine Botschaft eines echten, seriösen Mediums kann durchaus sinnvoll sein und einen in die richtige Richtung schubsen. Doch der wahrhaft Suchende erkennt irgendwann, dass die besten und verlässlichsten Auskünfte aus seinem Inneren kommen. Denn die eigene Intuition ist der untrügliche Kompass in Richtung eigenes Glück, davon bin ich überzeugt. Wenngleich sich das eigene Glück nicht immer auf den ersten Blick so glücklich anfühlen mag, da es auch Loslassen und eben Veränderung beinhalten kann.

In den folgenden Abschnitten lernst du gängige blockierende und sinnfreie Fragen zu unterschiedlichen Lebensbereichen kennen. Sie werde immer wieder und sehr häufig gestellt. Darunter findest du Vorschläge für Fragen, die dich einem sinnvollen, erfüllenden Ziel deutlich näher bringen. Natürlich steht es dir frei, die Vorschläge abzuwandeln und sie auf deine Bedürfnisse zuzuschneiden. Ohnehin wirst du feststellen, dass die richtige Frage mindestens die halbe Miete ist. Denn indem ich eine zielführende Frage stelle, mache ich mir bewusst, worum es mir eigentlich in Wahrheit geht. Bei blockierenden Fragen, die oftmals nur dem Jammern dienen, aber nicht deiner Selbstverwirklichung, drehst du dich nur im Kreis. Willst du aus diesem raus, gilt es, die wirklich wesentlichen Fragen für dich zu finden.

Vergiss nicht: Eine klare und bewusst gestellte Frage ist wie ein Befehl an dein Unterbewusstsein bzw. das Leben, dir die Antwort zu liefern!

Diese Antwort kann sich in Form eines Impulses sofort einstellen oder aber im Laufe der nächsten Stunden, Tage oder Wochen, vielleicht sogar Jahre auftreten. Ja, das ist mir auch schon passiert, dass ich Jahre später die Antwort auf eine Frage bekommen habe. Aber ich habe sie bekommen. Und als ich sie hatte, war mir klar, dass dies der perfekte Zeitpunkt dafür war. Lass dich nicht auf Diskussionen mit deinem Ego ein! Das will natürlich sofort, jetzt, gleich, eine Instantlösung und eine zuverlässige Antwort mit Garantieschein, dass ab jetzt immer alles gut ist. Dabei ist das Ego so ein falscher Fuffziger! Denn genau indem es ist, wie es ist, wird es gleichzeitig alles sabotieren, was deinem dauerhaften Glück dient. Das Leben ist da wesentlich fairer, glaub mir. Ach was, glaub mir nicht. Glaub nur dir selbst!

Willst du wertloses Fast Food für deinen Geist,
oder willst du ihn ab jetzt wirklich nähren?

Eine klare und bewusst gestellte Frage ist
wie ein Befehl an dein Unterbewusstsein
 bzw. das Leben, dir die Antwort zu liefern!

47

ZIELFÜHRENDE FRAGEN

Etwas, das dir beim Fragestellen auch bewusst sein sollte, ist, dass es mehrere Arten von Fragen gibt. Zwei davon sind für dich besonders wichtig: die Ja-/Nein-Fragen und offene Fragen.

Ja-/Nein-Fragen sind Fragen, auf die die Antwort »Ja« oder »Nein« lauten kann. Beispiele hierfür sind:

»Schmeckt dir das?« – »Ja/nein.«
»Bist du gut im Volleyball?« – »Ja/nein.«
»Möchtest du dich morgen treffen?« – »Ja/nein.«

Ja-/Nein-Fragen sind für Menschen, die gerade damit beginnen, ihre Intuition besser wahrzunehmen, geeigneter. Denn ist man erst einmal mit seinem Wahrheitspunkt vertraut, also der körperlichen Entsprechung unserer Intuition, kann man den Unterschied zwischen einem Ja und einem Nein relativ leicht spüren. Somit kann man sich Frage um Frage dem Antwortziel gekonnt annähern.

Komplexere Antworten aber erfordern offene Fragen. Sie können nicht einfach mit »Ja« oder »Nein« beantwortet werden. Beispiele für offene Fragen wären etwa:

»Was erfüllt dich?«
»Wie ist es zu diesen grundlegenden Veränderungen gekommen?«
»Wozu stellst du dir so viele Fragen?«

Wenn du ein Leben anstrebst, das selbstbestimmt ist und dir wirklich entspricht, dann solltest du auf bestimmte Formulierungen achten bzw. bestimmte Fragestellungen vermeiden. Lies dir einmal die folgenden Fragen durch, und versuche, den Unterschied in der Fragestellung in Hinblick auf deine gewünschten Antworten zu erkennen!

JA-/NEIN-FRAGEN

HÄUFIG GEWÄHLTE FORMULIERUNGEN	KLARE UND ZIELFÜHRENDE FORMULIERUNGEN
»Ist dieses Studium das richtige für mich?«	»Dient es mir in meiner Entwicklung, dieses Studium zu absolvieren?«
»Bin ich auf dem falschen Weg?«	»Dient es mir, den eingeschlagenen Weg weiterzugehen?«
»Ist das für mich die richtige Firma?«	»Bringt mich diese Firma in meiner Entwicklung voran/finde ich Erfüllung mit diesem Arbeitgeber?«
»Ist meine Idee, nach Australien auszuwandern, falsch?«	»Bringt es mir den erwünschten Wohlstand und/oder innere Erfüllung, wenn ich im nächsten halben Jahr nach Australien auswandere?«

OFFENE FRAGEN

HÄUFIG GEWÄHLTE FORMULIERUNGEN	KLARE UND ZIELFÜHRENDE FORMULIERUNGEN
»Was ist meine Berufung?«	»Mit welcher Tätigkeit fühle ich mich (sinn-)erfüllt hier auf Erden?«
»Warum bin ich immer noch single?«	»Wo/in welchem Thema hat mein andauerndes Singlesein seinen Ursprung und seine Heilung?«
»Was soll ich denn jetzt tun?«	»Welcher nächste Schritt hilft mir ganz konkret (im Alltag) dabei, diese Situation zu verändern?«
»Wann werde ich endlich befördert?«	»Was unterstützt mich ganz konkret dabei, bei der nächsten Beförderung sichtbar zu sein und als kompetent wahrgenommen zu werden?«

Merkst du den Unterschied? Nehmen wir einmal das Beispiel mit dem Auswandern nach Australien. Wie könnte das »falsch« sein? Es ist zweckdienlich, wenn ich mir bewusst mache, was ich unter »falsch« verstehe. Sind damit Geldsorgen verbunden? Die Angst, keinen Anschluss zu finden? Allein diese zwei Bedenken gehen in ganz unterschiedliche Richtungen. Es ist wichtig, dass ich mir meiner Ängste bewusst bin. Nur so kann ich sie gezielt hinterfragen. Bei den offenen Fragen sollte ich so konkret wie möglich sein. Überhaupt spielt das Wort »konkret« eine sehr wichtige Rolle. Frage ich beispielsweise: »Was hilft mir dabei, den Streit mit meinem Nachbarn endlich beizulegen?«, dann ist eine Antwort wie: »Frieden und Harmonie« sicherlich richtig. Aber was bringt sie dir? Wichtig ist, wie es dir *konkret* (im Alltag) gelingt, diesen Frieden und diese Harmonie herzustellen!

Abschließend zwei Tipps, die sehr wichtig sind auf deinem Weg hin zu deinem selbstbestimmten Leben.

Tipp 1:
Stelle dir alle wichtigen Fragen stets LAUT! Das hilft dir dabei, aus dem Kopfkino auszusteigen und deinen ersten inneren Impuls besser bzw. deutlicher wahrzunehmen!

Zum anderen hilft es dir ungemein, deine Antwortensuche durch gezielte Fragen leichtzunehmen. Erinnerst du dich noch? Wir wollten es ja einfach haben im Leben, oder?

Tipp 2:
Versuche, so gut es geht, dich von deiner Verzweiflung zu lösen, mit der du eine Antwort suchst. Das ist etwas, was dich noch mehr blockiert, als du es vermutlich ohnehin schon bist. Lerne, spielerisch mit Fragen und Antworten umzugehen! Je leichter du dieses Spiel und damit ja auch das Leben nehmen kannst, umso besser für dich!

✦ ✦ ✦

Lerne, auf dein Gefühl zu achten! Wie fühlt sich für
dich ein positives JA an, wie ein ablehnendes NEIN?

Frage dich, ob dir etwas dient!
Frage dich, ob es allen anderen Beteiligten dient!
Und wenn es das nicht tut, dann lass es!

Lerne, darauf zu vertrauen, dass du eine Antwort
bekommst! Und dass du sie zum passenden Zeitpunkt
bekommst. »Passend« wird dabei von einem höheren
Bewusstsein als deinem menschlichen definiert. Tröstlich
hierbei: Dieses Bewusstsein hat einen deutlich besseren
Überblick über dein Leben und das, was du brauchst, als du.

✦ ✦ ✦

THEMA »BERUF(UNG)«

Menschen, die sich Veränderung in ihrem Leben wünschen, beschäftigen sich vornehmlich mit zwei Lebensbereichen: »Beruf/ Geld« und/oder »Partnerschaft/Familie«. (Man kann diese natürlich auch differenzierter als vier Bereiche sehen.) Finanzen sind häufig in den Köpfen der Menschen mit Beruf verknüpft und tauchen daher seltener als losgelöstes Thema auf, mit dem man sich beschäftigt. Das merkt man zum Beispiel daran, dass viele Menschen beteuern, sie hätten gerne eine Arbeit. Fragt man sie, ob sie immer noch eine haben wollten, wenn sie bis an ihr Lebensende ausreichend Geld hätten, fangen viele an, erst einmal nachzudenken. Das Ganze endet dann meist mit einem grinsenden »Nein« – was wiederum darin begründet liegt, dass sie »Arbeit« als etwas Unliebsames sehen statt als eine Tätigkeit, mit der sie selbstbestimmt und selbstverwirklicht leben.
Gesundheit wiederum interessiert meist nur Kranke. Was über uns Menschen auch eine Menge sagt, finde ich.

Unter denen, die sich beruflich verändern wollen, finden sich viele, die ihre Berufung suchen. Das beinhaltet, dass man glaubt, sie noch nicht gefunden zu haben. Was wiederum bedeutet, dass man bislang sein Geld mit Dingen verdient, die man mehr oder minder (bzw. nicht) ok findet, die einen nicht erfüllen. Ein Mensch, der seine Berufung gefunden hat, würde nie danach fragen. Er fühlt sie und ist erfüllt, was sie anbelangt. Das muss aber nicht zwangsläufig bedeuten, dass er damit auch Geld verdient! Kann sein, muss aber nicht. Was wir hierbei häufig aus den (westlichen) Augen verlieren, ist, dass wahre Berufung immer etwas mit dienen zu tun hat. Während das Ego wissen will, wie es an dies oder jenes herankommen kann, fragt die Seele danach, wie sie anderen am besten dienen und eine Stütze für die Gesellschaft sein kann.

Die folgende Geschichte habe ich auch schon in meinem Buch »Frag dich frei«[7] erzählt. Die Erkenntnismöglichkeit, die sie bietet, finde ich so groß, dass ich sie mit dir hier auch noch einmal teilen möchte.

Vor vielen Jahren lag ich an einem der Seen im Münchner Umland am Ufer und genoss den wunderschönen Tag. Nur ein paar Meter von mir entfernt lag ein Ehepaar, das mir durch seine Lektüre auffiel. Ich schmunzelte. Denn sie lasen Bücher über die indischen Palmblattbibliotheken. Zu diesem Zeitpunkt war ich bereits einmal in Bangalore bei einer solchen Schicksalslesung gewesen.[8] Meinem Impuls folgend, sprach ich die beiden an und bot ihnen an, meine Erfahrungen aus erster Hand mit ihnen zu teilen. Sie waren sehr freundliche Menschen und überaus interessiert an meinem Bericht. Schließlich verriet ich ihnen, dass ich u. a. im morphischen Feld lesen kann.[9] In den Augen des Mannes blitzen Hoffnung und Begeisterung auf. War er endlich an seinem

---

7 Silvia Maria Engl: »Frag dich frei!«, Schirner Verlag, Darmstadt 2016.

8 Für alle, die neugierig sind: Zu meiner damaligen Überraschung wurde mir vorhergesagt, dass ich eines Tages spirituelle Bücher als »energy writer« schreiben würde. Damals habe ich noch nicht einmal gebloggt. Aber die Palmblätter sollten recht behalten.

9 Menschen, die jetzt gar nichts verstehen oder die sich jetzt denken: »Ist das hier doch ein Eso-Buch?!« (was wiederum etwas ganz Schlimmes in ihren Augen ist), denen möchte ich zurufen: »Einfach mal ruhig durchatmen und weiterlesen.« Ich glaube an keine Zufälle. Auch nicht daran, dass du dieses Buch zufällig in den Fingern hältst, was immer du auch davon halten magst.

Ziel? Lag vor ihm etwa der Mensch, der ihm endlich seine dringliche Frage beantworten könnte, ohne dass er nach Indien reisen müsste? Ich bereitete mich innerlich vor, und dann stellte er seine Frage, die ihm unter den Nägeln brannte. Sie lautete:

»Was ist meine Berufung?«

Der Mann hatte, soweit ich mich erinnere, einen kleinen Betrieb. Während ich seinen aufgeregten Herzschlag bis in meine Adern hinein fühlen konnte, sah ich Bilder, die ich hinterfragte, und kam für ihn zu folgender Antwort: »Du brauchst nichts weiter zu tun. Lehn dich zurück, und entspann dich! Du bist ein Wegweiser! Du zeigst anderen Menschen den Weg, wobei das für dich überhaupt nicht anstrengend ist oder sein muss. Es reicht, dass du da bist. Sie werden dich finden.« Als ich meine Augen öffnete, blickte ich in ein zutiefst enttäuschtes Gesicht. Wegweiser? Was sollte das denn für eine Berufung sein? Ein Leben lang hatte er auf einen erhabenen Moment mit einem spirituell begabten Menschen gewartet, um diese Frage beantwortet zu bekommen. Und nun … Wegweiser, wie unspektakulär!

Als Unternehmer hatte er offenkundig eine bestimmte Erwartungshaltung, was unter einer »Berufung« zu verstehen war. Allem voran wohl … ein Beruf. In seinem Fall hätte er sich vermutlich so etwas wie »Gründe ein neues Unternehmen zum Wohl und Segen der Menschheit! Du wirst damit reich werden, und du findest deinen Platz in der Gesellschaft« erhofft. Ja, aber das kann er doch tun! Wenn er gerne ein neues Unternehmen gründen möchte, nur zu! Warum auf eine Palmblattlesung oder Ähnliches hoffen oder warten? Natürlich liegt das auf der Hand: Weil es dann »sicher« und der Weg »richtig« zu sein scheint (!). Richtig bedeutet hier wiederum: Es wird finanziell gut gehen und die Löcher im Inneren stopfen, die bisher an ihm nagten, zum Beispiel ein gefühlter Mangel an Anerkennung in der Gesellschaft.

Wer seine Berufung sucht, sucht Sinnerfüllung. Dieser Mensch möchte morgens aufwachen und sich auf den Tag freuen können. Weil er weiß, dass ein weiterer glücklicher Tag seines Lebens vor ihm liegt. Das ist darin begründet, dass er glaubt, eine sinnstiftende Tätigkeit gefunden zu haben. So weit, so gut. Wenn Sinnerfüllung allerdings das einzige Kriterium wäre, dann müssten wir einen riesigen Überschuss an hingebungsvollen Pflegern und Kindergärtnern sowie einen eklatanten Mangel an ambitionierten Börsennachwuchskräften haben. Wobei ich der Fairness halber sagen muss, dass es nicht der Beruf als solcher ist, der entscheidend ist, sondern die innere Haltung, mit der man ihn ausübt.
Ein wundervolles Beispiel ist für mich eine Frau, der ich auf einem meiner Workshops begegnen durfte. Sie arbeitete in der Kreditabteilung einer Bank. Fragte man sie nach ihrem Beruf, erzählte sie strahlend, dass sie »Wunscherfüllerin« sei. Es sei ihre Aufgabe, Menschen dabei zu helfen, ihre Träume wahr zu machen und sie dafür so gut wie möglich finanziell zu beraten. Wen wundert es, dass die Kundschaft bei ihr Schlange stand, sodass sie darauf achten durfte, auch noch genug Zeit für ihre eigene Wunscherfüllung zu finden?

Diese beiden Geschichten mögen dir dabei helfen, SINNvoll darüber reflektieren zu können, was du wirklich wissen willst, wenn du nach deiner Berufung fragst! Mach dir immer, egal, was du wissen möchtest, grundehrlich bewusst, was du *wirklich* wissen möchtest! Und halte dir vor Augen, dass Berufung nicht immer einem Beruf entsprechen muss, den es schon gibt bzw. den du kennst. Es kann deine Berufung sein, als Pionierin einen neuen Sektor zu erschließen! Wie sollte da die Antwort lauten, mit der dein Verstand heute schon etwas anfangen kann?

Im Übrigen weise ich auch immer wieder gerne darauf hin, dass viele Menschen sich selber etwas vormachen, wenn sie wissen wollen, welcher Beruf »der richtige« für sie sei. Denn viele von ihnen wollen gar keinen anderen Beruf. Sie wollen einfach mehr Geld. Nur fällt ihnen keine andere Lösung ein, als im herkömmlichen Sinn zu »arbeiten«.

Was willst *du* wirklich wissen?

Hier ein paar Beispielfragen aus dem Bereich »Beruf(ung)« und ihre möglichen Umformungen.[10]

»Bin ich an meinem jetzigen Arbeitsplatz richtig?«

Zweifel sind eine wunderbare Chance, das Bestehende kritisch zu hinterfragen. Uns darf aber auch klar sein, dass niemand, der absolut erfüllt und glücklich ist, sich nach Veränderung sehnt. Ide-

---

10 Leser von »Frag dich frei!« bitte ich um Verständnis, dass es hier zu Überschneidungen bzw. Wiederholungen kommen kann. Dafür finden sich in diesem Buch bei jedem aufgeführten Bereich mehr Fragen, das Themenfeld »Finanzen« hingegen ist in diesem Buch ausgespart.

alerweise ist er bereit dazu, sie zu akzeptieren. Aber er wird sich vermutlich kein Buch aus der Ratgeberabteilung holen.

Insofern sind Zweifel etwas sehr Spannendes. Die Frage ist also, was genau mich daran zweifeln lässt, (noch) am richtigen Arbeitsplatz zu sein. Ein Teil von mir ist jedenfalls mit irgendetwas nicht zufrieden. Vielleicht bin ich auch schon todunglücklich, habe aber einfach Angst, das Alte loszulassen. Oder deine Wahrheit liegt irgendwo dazwischen.

Mögen die folgenden Fragen dir dabei helfen, dich zu reflektieren und dir darüber bewusst zu werden, was dich gerade bewegt und in welche Richtung du dich genau verändern möchtest! Denn Selbstbestimmung ist nur möglich, wenn dir klar ist, wonach du dich selbst sehnst und was dich wirklich erfüllt!

»Welche Aspekte meines jetzigen Berufs/Arbeitsplatzes schätze ich bzw. schätze ich nicht?«

»Was war zu Beginn meine Motivation, diesen Beruf zu ergreifen bzw. diesen Arbeitsplatz anzunehmen?«
»Wer/welche Umstände hat/haben maßgeblich dazu beigetragen, dass ich mich für diesen Beruf/diesen Arbeitsplatz entschieden habe?«

»Welche Ängste kommen in mir hoch bei der Vorstellung, diesen Beruf/diesen Arbeitsplatz aufzugeben?«
»Was ist meine größte Angst, wenn ich über eine berufliche Veränderung nachdenke?«
»Was hilft mir ganz konkret dabei, mich dieser Angst zu stellen bzw. sie zu lösen?«

»Welche Entscheidungen gilt es, für mich zu treffen, um im Beruf/an diesem Arbeitsplatz voll erfüllt zu sein?«

»Was unterstützt mich dabei, diese Entscheidungen machtvoll zu treffen und umzusetzen?«

»Welche anderen Möglichkeiten habe ich im Rahmen meines jetzigen Berufs/bei meinem jetzigen Arbeitgeber, um etwas zu einer Veränderung beizutragen?«

»Welche konkreten Schritte kann ich hierfür unternehmen?«

»Was ist meine Berufung?«

Dazu habe ich im vorherigen Kapitel bereits einiges geschrieben. Mach dir noch einmal bewusst: Wenn du nach deiner Berufung fragst, dann fragst du nach deiner *Essenz*! Du willst wissen, was dich wirklich und nachhaltig erfüllt. Diese Fragen sind eben nicht immer mit »Maschinenbauingenieur« oder »Schuster« zu beantworten. Oder geht es dir vielleicht um etwas ganz anderes?

»Wieso glaube ich, mit einer Tätigkeit, die ich liebe, genug Geld verdienen zu können, sodass es für mich und meine Familie zum Leben gut reicht?«

»Wieso begrenze ich mich in meiner Vorstellungskraft?«

»Welche Tätigkeit, welche Seinsform bringt mein Herz zum Singen?«

»Was würde ich am liebsten den ganzen Tag lang tun, wenn ich kein Geld verdienen müsste?«

»Welche Blockaden halten mich davon ab, neue, kreative Ideen zu entwickeln, um leicht viel Geld zu verdienen?«
»Wer/was hilft mir dabei, sie zu lösen?«

»Was hilft mir dabei, meine (finanziellen) Zukunftsängste loszulassen?«

»Warum glaube ich tief in mir, ein wertvollerer Mensch zu sein, wenn ich einen anderen Beruf ausübe?«
»Welchen Imagegewinn verspreche ich mir davon, wenn ich meine Berufung in Form eines Berufs leben kann?«

»Ist es mir wichtig, bekannt, berühmt zu werden? Wenn ja, warum?«

»Wieso verdiene ich mit meinem Beruf so wenig Geld?«

»In welchen Bereichen meines Leben wünsche ich mir, mehr Geld zur Verfügung zu haben?«
»Was glaube ich, würde sich in meinem Leben verändern, wenn ich mehr Geld verdienen würde?«

»Was könnte mir Negatives (zum Beispiel: Neid der Kollegen) widerfahren, wenn ich viel mehr Geld verdienen würde?«
»Wieso fürchte ich mich davor?«

»Bin ich zutiefst davon überzeugt, dass ich mit viel mehr Geld gut umgehen könnte?«

»Was könnte ich konkret unternehmen, um besser im Umgang mit Geld zu werden bzw. um mich mit viel Geld uneingeschränkt gut fühlen zu können?«

»Wenn ich im nächsten Monat hundert Mal mehr Geld verdienen würde als in diesem, welche ersten Gedanken und Gefühle kommen dann in mir hoch?«

»In welchen Bereichen meines Lebens erachte ich mich selbst noch nicht als uneingeschränkt wertvoll und liebenswert?«
»Was unterstützt mich konkret dabei, meinen Selbstwert zu steigern?«

»Welche Glaubenssätze habe ich in Bezug auf Großverdiener?«
»Wer und/oder was hat mein Denken diesbezüglich geprägt?«

»Welche Summe wäre meiner Meinung nach fair und angemessen für das, was ich tue?«
»Warum erachte ich nicht die doppelte Summe davon als faire Bezahlung/Entlohnung für mein Tun?«

»Wenn ich wirklich und aufrichtig glaube, dass ich an meinem jetzigen Arbeitsplatz nicht genug wertgeschätzt werde, warum bin ich dann immer noch da?«

»Was hat mein Verdienst mit meinem Bild von mir selbst zu tun?«
»Welche mir verborgenen Muster sorgen dafür, dass ich bislang nicht mehr Geld verdiene?«
»Was hilft mir ganz konkret dabei, sie zu lösen?«

Es geht nicht darum, eine Frage nach der anderen
abzuarbeiten. Es geht darum, die Fragen auszu-
wählen, die bei dir anklingen. Und dich gezielt mit
einer oder zweien von ihnen über einen bestimmten
Zeitraum nachhaltig zu beschäftigen!

Frag dich stets aufs Neue, was dich mit Sinn erfüllt!
Auch wenn ein nicht superreicher Mensch im
Westen das schwer nachvollziehen kann: Geld
alleine macht wirklich nicht glücklich (wenngleich es cool sein kann, viel davon zu haben).

Sinnerfüllung und Selbstbestimmung kann man nicht
kaufen. Es gilt, sie in dir selbst zu finden! Frag dich also
wieder und wieder, was dich an diesen Punkt bringt.

Bleib flexibel! Was heute eine wahre und stimmige Antwort
auf deine Fragen ist, kann in ein paar Jahren anders
ausfallen. Denn du willst ja dein Leben bewusst verändern –
immer wieder mal. Finde auch hier die Balance zwischen
Abwechslung und für Erfolg erforderlicher Kontinuität!

THEMA »PARTNERSCHAFT«

Egal, ob du momentan single bist oder dich in einer Partnerschaft, einer Dreiecksbeziehung oder einer anderen Form des Zusammenlebens befindest: Wenn du Fragen zu diesem Themenbereich hast, bist du mit der Situation jedenfalls nicht uneingeschränkt zufrieden. Wünschst du dir aufrichtig Veränderung, ist es der erste notwendige und konsequente Schritt, dir das einzugestehen.

Spätestens seit »Pretty Woman« mit Julia Roberts und Richard Gere sind Generationen von Frauen endgültig geistig verdorben, was die Erwartungshaltung an eine glückliche Partnerschaft angeht. Und nicht nur Frauen, auch Männer wurden mit allen Klischees vollauf bedient.

Dieser Film griff in den 90er-Jahren des letzten Jahrhunderts etwas auf, das besser zu diesem Zeitpunkt gestorben wäre: die immer wiederkehrende Nummer von der romantischen Liebe, die mit einem Happy End final endet (wobei die beiden Hauptfiguren an dieser Stelle noch mindestens 40 Jahre Leben vor sich haben, wenn man von einer durchschnittlichen Lebensdauer ausgeht). Das arme (!) Mädchen (Julia Roberts), das durch eine Notlage (!) unverschuldet (!) in einer scheinbar ausweglosen Situation als Prostituierte (!) landet, wird von einem eben wieder single gewordenen (!), attraktiven (!) Selfmademultimillionär (!) (Richard Gere) auf den Straßen von L. A. (!) mit einer Luxuskarosse (!) aufgegabelt. Nach einigem Hin und Her (sage und schreibe einer ganzen Woche) gibt er all seine Überzeugungen inklusive seines Unabhängigkeitsdranges auf (!), um mit einer weißen Limousine und Blumen (!) vor dem schäbigen Apartment der sich eben selbst verwirklichenden, selbsterklärten Ex-Prostituierten (!) vorzufahren, um ihr Herz zu erobern und sie zu seiner Königin zu machen (mir gehen die Ausrufezeichen aus). Der »Ghettotyp« (= Rahmenerzähler der Handlung) schlurft daraufhin über einen Zebrastreifen und erklärt, dass in Hollywood eben alles möglich sei.

Ich finde ja, dass diese letzte Erkenntnis wohl das einzig Realistische an der ganzen Sache ist. Na ja, fast. Dazu komme ich gleich noch. Aber wer will bei Liebe was von Realität wissen? Bitte, das geht ja mal gar nicht.

Liebe, das ist etwas Romantisches! Liebe, da wollen wir heulend solche Filme anschauen und davon träumen, dass auch wir eines Tages errettet werden vom Helden, der uns zur wohlhabenden Königin seiner Träume macht! Liebe, da dürfen auch die Männer von der selig machenden Kombination aus Hure und Heiliger träumen, gnadenlos attraktiv, jung und schlank und gesellschaftlich ein bisschen unterlegen, aber schon auch schlau und repräsentabel. Liebe, da denken wir begeistert an die Ehen, die an Europas Königshöfen geschlossen werden, entgegen jedweder Konvention, schluchz. Liebe, das ist, wenn der Verstand aussetzt und man nur noch »Ja, ich will!« schreien möchte, bis dass der Tod uns … Oder war das der Standesbeamte? Keine Ahnung, das ist auch egal, das hat dann ja mit Liebe nichts mehr zu tun. Scheidung ist der leider etwas unromantische Teil bei der Sache. Scheidung, das kommt bei jeder zweiten Ehe heute vor, weil … Ja, warum? Ach ja, weil die Liebe irgendwann weg war. Und weil der Staat daran mehr verdient als an einer Eheschließung. (Nicht umsonst muss man sich eine Scheidung »leisten« können – bei einer geplanten Eheschließung hört man dieses Argument nie.)

Bevor ich fortfahre: Ja, auch ich habe als Teenager Rotz und Wasser geheult in den Lichtspielen (hieß echt so) über der »Alten Post«. Natürlich wollte auch ich gerettet werden. (Allem voran erst mal aus diesem dumpfsinnigen Landleben und weg von den verständnislosen Eltern, die immer noch eine Verwechslung bei der Schicksals-Vergabestelle zu sein schienen. Ich musste doch einfach in eine andere Familie gehören.) Natürlich weine ich auch heute noch, wenn in Sachen Partnerschaft wieder etwas nicht so ausgeht, wie ich es mir vorgestellt habe. Womit wir bei einem der Kernthemen wären: die Nummer mit der Vorstellung und der zwangsläufig folgenden Desillusionierung.

In wohl keinem anderen Lebensbereich hassen die Menschen es so sehr, desillusioniert zu werden wie in Sachen Partnerschaft. Kein Wunder, ist es doch ganz im Sinne der Filmindustrie und anderer, dass wir an die Märchen glauben, die uns hier vorgegaukelt werden. Irgendwann, so lautet die wiederkehrende Botschaft, kommt dieser eine Mensch, mit dem alles golden ist und wir unendlich glücklich sind. Bei dem man ganz man selbst sein kann und gerade dafür geliebt wird. Hach!

Kein Wunder, dass alles den Bach runtergeht, wenn man nicht man selbst ist und dafür geliebt wird. Brauchen wir uns da zu wundern, wenn der Partner sich irgendwann mal kopfschüttelnd abwendet, wenn er feststellt, jahrelang mit einer Mogelpackung getäuscht worden zu sein? Schuld ist aber dann der andere, natürlich, weil er uns gefälligst so lieben soll, wie wir sind, Sacklzement noch einmal[11]! Ist aber, zugegeben, nicht ganz so einfach, wenn wir seit Jahren versuchen, nach außen anders zu wirken, als wir tatsächlich sind.

Und auch der ganze Emanzipationskram hat uns nur bedingt weitergebracht. Zwar können Frauen heute in Europa studieren, wenn sie wollen, und ihr eigenes Geld verdienen. An den Klischeeträumen von Prinz und Prinzessin hat das aber wenig gerüttelt. Dafür hat die Emanzipation das Rollenverständnis ordentlich durcheinandergebracht. Viele Frauen versuchen heute, mit »männlichen« Methoden Karriere zu machen. Und die Männer sind verwirrt, weil sie nicht mehr so sein sollen, wie sie es früher waren, aber irgendwie auch nicht anders. Zudem haben viele Frauen noch nicht damit aufgehört, von Männern den sechsten Sinn zu erwarten, sprich: dass er ihre Gedanken liest und genau weiß, ob er nach dem dritten »Nein!« der Frau doch etwas machen soll und wann er übergriffig wird, wenn er sich darüber hinwegsetzt (das meine ich ganz allgemein, nicht sexuell). Mädels, die mit dem ausgeprägten sechsten und siebten Sinn, das sind wir![12] Nur weil wir ein hohes Einfühlungsvermögen haben, dürfen wir das nicht von anderen immer erwarten. Dafür können Männer in der Gruppe einfach mal dastehen und schweigen, ohne dass es jemandem peinlich wäre. Und danach sagen sie, es sei ein echt schöner Abend gewesen.

---

11 Bayerischer Ausruf des Unmuts, nur mal zum allgemeinen Verständnis.

12 Wobei es natürlich viele Männer mit einer Spitzenintuition gibt. Meine Pointierung sei mir erlaubt an dieser Stelle.

Wir müssen einander nicht immer verstehen. Das geht nicht. Aber wir können unsere Unterschiede respektieren. Akzeptieren. Und wo wir das aufgrund unserer Prägungen noch nicht können, können wir uns dafür entscheiden, es zu lernen. Lasst uns unsere Unterschiede feiern und lernen, was Liebe wirklich bedeutet!

Ich bin vermutlich nicht die kompetente Koryphäe auf diesem Gebiet. Aber so viel habe sogar ich schon verstanden: Wenn ich auf den Typen mit der weißen Limo warte, der mir meine Huren-vergangenheit (Schattenseiten) vergibt und in mir ausschließlich das Beste (Lichtseiten) sieht, dann sollte ich dafür sorgen, dass der Handyakku voll ist und ich eine Solarstation zum Laden dabei habe, damit ich in den kommenden Jahrzehnten beim Warten wenigstens Musik hören kann. Und Männer, ihr habt auch ein klein wenig ambivalente Wünsche, meint ihr nicht auch? Sie sind es, die für eure Zerrissenheit sorgen. Es ist ein wirklich cleveres Spiel, auf die nicht oder nur selten vorkommende Kombination aus Hure, Heiliger und Playmate zu warten und solange sie nicht da ist, immer insgeheim von dem Teil zu träumen, den man gerade nicht hat. Solange man immer auf was »Besseres« hofft und wartet, muss man sich auch nicht auf etwas oder jemanden einlassen.

So viel zu diesem Exkurs. Glücklicherweise kann man das in seinen eigenen Büchern schon mal machen, vom Thema dermaßen abzuweichen.

Vermeintlich.

Wenn du dein Leben verändern willst, bedeutet das auch in diesem Bereich, dass DU dich verändern musst. Unbequem, nicht sehr populär, aber wirkungsvoll. Du kannst entweder am Hollywood Walk of Fame in Overkneeboots so lange warten, bis der Jackpot im Lotus Esprit vorbeikommt (bzw. umgekehrt). Oder du kannst erkennen, was wirklich zählt. Worin deine wenig zielführenden Erwartungshaltungen begründet liegen. Oder wie du deinen Partner und deine Partnerin entlasten kannst, weil du endlich diesen wahnsinnigen Druck aus der Beziehung rausnimmst. Du kannst lernen, deinen Selbstwert aus dir heraus zu steigern und dich mit dir selbst wohler zu fühlen und so für dich selbst und auch für deinen Partner das größte Geschenk zu sein.

Verändere dein Leben! Erkenne, dass Liebe niemals »verschwinden« oder »gehen« kann. Das können nur Illusionen. Und wenn wir Glück haben, verschwinden die wirklich irgendwann. Wahre Liebe hat nichts mit Schmetterlingen im Bauch zu tun oder damit, dass der andere genau so aussieht, wie man es immer haben wollte (die statistische Wahrscheinlichkeit, dass dieses Aussehen bleibt, geht eher gegen null, außer, dein Pendant hat den ewigen Jungbrunnen entdeckt). Wahre Liebe geht weit darüber hinaus und beschränkt sich nicht auf Liebesschwüre oder Libido. Wahre Liebe fängt erkennbar da an, wo romantische Erwartungshaltungen aufhören. Dort, wo die Liebe für einen selbst wahrhaftig ist und so viel, dass man überfließt wie der römische Brunnen. Ein hehres Ziel. Aber besser, als auf einen Pseudoerlöser zu warten. Und bis man dieses hohe Ziel erreicht hat, kann man auch unterwegs schon eine wirklich gute Zeit haben.

Im Übrigen steckt der wahrhaftige Ansatz auch in diesem Beispielfilm, den ich vorhin so durch den Kakao gezogen habe. Denn das Happy End wird erst dadurch möglich, dass Julia Robert in ihrer Rolle als Vivian auf sein Luxusangebot und seine Kohle pfeift und stattdessen auf ihre Selbstverwirklichung setzt. Das ist es, was die Pretty Woman letztlich von den anderen Frauen abhebt, mit denen der Millionär keine echte Beziehung pflegen konnte, zumindest nicht auf Dauer. Sie setzt für sich Maßstäbe, nimmt ihr Leben selbst in die Hand, teilt zum Schluss ihr Geld auch noch mit ihrer Freundin, damit auch die sich ein besseres Leben aufbauen kann, und hört auf, auf ihn zu warten – was sie vorher Abend für Abend im Hotelzimmer gemacht hat. Das ist nicht pretty, das ist smart.

Irgendwie doch kein so schlechter Film, wenn man es mal näher betrachtet.

Hier nun die gängigsten Fragen in Sachen Partnerschaft, die nirgendwo wirklich hinführen, und wesentlich dienlichere Umformulierungen.

»Soll ich mich trennen/scheiden lassen?«

»Welche Konsequenzen genau fürchte ich im Falle einer Trennung/ Scheidung?«

»Warum frage ich eine außenstehende Person, ob ich diesen Schritt vornehmen soll? Wieso scheue ich mich davor, die Verantwortung für diese Entscheidung voll und ganz selbst zu übernehmen?«

»Wieso bin ich diese Partnerschaft überhaupt eingegangen?«
»Was mochte ich zu Beginn am anderen?«
»Worin sehe ich die Ursachen, dass diese Anziehung nicht mehr gegeben ist?«
»Was habe ich aufgehört zu geben?«[13]

»Wäre ich bereit dazu, nach der Trennung für eine Weile allein zu sein?«
»Würde mir die Entscheidung leichter fallen, wenn ich etwas ›Besseres‹ in der Hinterhand hätte?«
»Würde ich mir diese Frage auch stellen, wenn ich nichts vermeintlich Besseres in der Hinterhand hätte?«

»Wenn ich schon lange unglücklich bin, wieso bin ich dann überhaupt noch mit diesem Menschen zusammen?«
»Welche Schuldgefühle schlummern tief in mir, die mich glauben lassen, ich hätte nichts Besseres verdient?«

»Wie lauten meine destruktivsten, negativsten Glaubenssätze zum Thema ›Partnerschaft‹?«
»Von wem habe ich sie übernommen?«
»Was brauche ich, um sie zu verändern, um mein Denken neu und positiv ausrichten zu können?«

»Stimmen meine tiefen Sehnsüchte und meine kognitiven Erwartungshaltungen an eine Partnerschaft überein?«

---

13 Wer meint, etwas vom Partner bekommen zu müssen (zum Beispiel Anerkennung, Aufmerksamkeit usw.), es aber nicht erhält, der hat es sehr wahrscheinlich (noch) nicht (bedingungslos) gegeben oder hat aufgehört, es zu geben.

»Falls nein, wo liegen die Differenzen?«

»Welches Bild habe ich von mir selbst als Partner/Partnerin?«
»Habe ich das Gefühl zu genügen?«
»Habe ich das Gefühl, missbraucht/ausgenutzt zu werden?«
»Falls ja, warum lasse ich das zu?«

»Wann kommt endlich mein Seelenpartner/meine Seelenpartnerin?«

»Wieso fällt es mir so schwer, ohne Partner zu sein?«
»Welche Erwartungshaltung habe ich an einen »Seelenpartner« im Gegensatz zu anderen potenziellen Partnern?«
»Glaube ich, tief in mir, dass ich das geben kann, was ich vom anderen erwarte?«
»Bin ich bereit dazu, mich voll und ganz zu geben und mich auf einen Partner/eine Beziehung einzulassen?«

»Welche Beziehungsmuster in meinem Leben haben mich besonders geprägt?«
»Wie sehen diese Prägungen konkret aus?«

»Welche meiner Eigenschaften könnte ein Seelenpartner an mir lieben, was ein anderer Partner aber nicht schafft?«
»Mag ich diese Seiten an mir?«
»Was kann ich tun, ganz konkret, um mich selbst voll und ganz annehmen zu können?«

»Halte ich mich für begehrenswert?«

»Halte ich mich für uneingeschränkt liebenswert?«

»Welche konkreten Schritte kann ich vornehmen, um mich selbst mehr zu lieben und anzunehmen?«

»Wieso bin ich so ungeduldig, wenn es um meinen Seelenpartner geht?«

»Was glaube ich, zu versäumen?«

»Was konkret wäre meiner Meinung nach in meinem Leben besser, wenn er da wäre?«

»Welche Potenziale bringt er mit, die ich mir selbst nicht geben kann (Sicherheit, Vertrauen etc.)?«

»Was hilft mir dabei, diese Potenziale uneingeschränkt in mir freizulegen?«

»Warum weigere ich mich, meine Energie darauf zu lenken, mich selbst mehr lieben zu lernen?«

»Warum macht es mich eigentlich wirklich wütend, dass ich mich dauernd in Selbstliebe üben soll, statt endlich in der Traumpartnerschaft zu leben?«

»Was konkret werfe ich Gott vor, wenn ich mich darüber beklage, alleine und einsam zu sein?«

»Wo hat dieser Konflikt mit Gott seinen Ursprung?«

»Was konkret hilft mir dabei, diesen Konflikt zu heilen?«

»Warum tut er/sie das?« (Fragehaltung: verzweifelt, genervt)

»Was genau stört mich am Verhalten meines Partners?«

»Welches Gefühl/welche Gedanken löst dieses Verhalten bei mir aus?«

»Warum fällt es mir schwer, in diesen Momenten bei dem zu bleiben, was ich fühle?«

»Was verspreche ich mir davon, den Schuldanteil am Konflikt auf den anderen abzuwälzen?«

»Was verspreche ich mir davon, weiterhin in der Rolle des Opfers zu bleiben, anstatt selbst etwas aktiv zu verändern (in/an mir)?«

»Was schätze ich an diesem wiederkehrenden Verhaltensmuster meines Partners?« *(Nimm dir dafür ruhig Zeit, denn an der Oberfläche kommt hier immer erst einmal: »Nichts!«)*

»Was erlaubt mir dieses Verhalten zu tun/zu lassen?«

»Was unterstützt mich ganz konkret dabei, beim nächsten Mal anders auf dieses Verhalten zu reagieren?«

»Warum soll ich mich ändern?«

Die Antwort hierauf ist sehr einfach: Weil es sonst keiner tut.

Du kannst weiterhin darauf warten, dass andere Menschen sich verändern. Das ist dein Recht, natürlich. Aber es bedeutet, …

… dass dein Glück vom Verhalten anderer abhängig ist.

… dass die Macht[14] über dein Befinden in den Händen anderer Menschen liegt.

… zu verleugnen, dass *du* es bist, der sich nach Veränderung sehnt – sonst würdest du dieses Buch nicht in Händen halten.

… dass du es unter Umständen vorziehst, ein Leben lang die beleidigte Leberwurst zu spielen, anstatt vom hohen Ross zu steigen und dein Denken und Wahrnehmen selbstkritisch zu verändern.

… dass du dir weiterhin gerne vormachen willst, dass das Problem beim anderen liegt und nicht bei dir. Nur hat dich das bisher nicht glücklich gemacht.

Und mal ehrlich: Wer hat mehr Sex-Appeal? Ein Mensch in der Opferhaltung, der sich selbst bemitleidet und/oder immer die Schuld auf andere schiebt?

Oder ein Mensch, der sein Leben, sein Empfinden, die Verantwortung für sein Glück selbst in die Hand nimmt und konsequent vorgeht?

Ich habe meine Antwort schon. Du auch?

---

14 Auf das Thema »Macht« werden wir im Kapitel über Entscheidungen (S. 90 ff.) noch einmal ausführlich zu sprechen kommen.

✦ ✦ ✦

Partnerschaft hat nichts oder nur wenig mit
einem rosa Hollywoodklischee zu tun.

Wer an diesen Klischees beharrlich festhält, beraubt
sich der viel besseren Sicht der Dinge, die mit echter
Selbstbestimmung und Partnerschaft einhergeht.

Es geht nicht darum, was der andere tut oder
lässt. Es geht darum, wie du darauf reagierst und
warum. Und was du bereit bist, an und in dir zu
verändern, um echte Veränderung herbeizurufen.

Liebe kann nicht verschwinden oder gehen. Nur illusio-
näre Erwartungshaltungen können das. Liebe ist. Punkt.

✦ ✦ ✦

THEMA »GESUNDHEIT«

Es muss in irgendeinem der mittlerweile zahllosen Foren im Internet gewesen sein, wo ich das Folgende gelesen habe. Es ging darum, dass eine Frau, der ein Teil ihrer Gesundheit abhandengekommen war (man nennt das gemeinhin auch »krank«), wütend schrieb, dass ihr die Galle hochkomme, wenn sie woanders immer wieder lese, dass wir selbst »schuld« seien an unseren Krankheiten. Als gehe es dem Kranken nicht schon schlimm genug, nein, jetzt müsse er sich noch mieser fühlen, weil alles seine eigene Schuld sei.

Kann man so sehen. Muss man aber nicht.

Irgendwie, warum auch immer, übernehmen wir nicht wirklich gerne Verantwortung. Und wenn es ein anderer für uns tut, sind wir total froh und schreien: »Hurra!« Wäre dem nicht so, gäbe es schon lange keine Diktaturen mehr auf der Welt. Was wir dabei gerne übersehen, ist, dass wir mit unserer Eigenverantwortung auch unsere uneingeschränkte Macht abgeben. Wenn ich sage: »Ach, mach du mal, such du die richtige Farbe für die Küche aus!«, dann gebe ich die Verantwortung für die Küchengestaltung ab. Die Gestaltung für einen Ort, an dem ich viel Zeit verbringen werde, überlasse ich ausschließlich einem anderen. Praktisch, bequem und entlastend. Gerne vergesse ich dann aber, dass ich damit einhergehend das Recht abgebe, mich über die Farbwahl zu beschweren. Wenn ich nicht aktiv mitmachen will, wie kann ich dann dem anderen vorwerfen, dass er Neonpink gewählt hat? Und wenn ich dann noch behaupte, dass ich das jetzt bis ans Ende meiner Tage ertragen müsse, was der andere verbockt hat, dann gebe ich jegliche Macht ab. Denn im Grunde könnte ich das sich Ärgern darüber einfach sein lassen und einkaufen gehen, neue Farbe besorgen und die Küche neu streichen. Daraus würde ich dann lernen, dass ich meine Küchenfarbe besser nicht unkritisch in die Hände anderer lege. Wenn ich streichen lasse, dann in einer Farbe meiner Wahl.

Was hat die Küchenfarbe jetzt mit unserer Gesundheit zu tun? Nun, in meinen Augen eine ganze Menge. Nur allzu gerne legen wir unser wertvollstes Gut in die Hände anderer: in die der Lebensmittelindustrie, die der Pharmaindustrie, die von Ärzten, Frauenmagazinen, die des Nachbarn, die unseres inneren Schweinehundes und in viele andere Hände mehr. Wir glauben viel lieber anderen, was wir tun oder lassen sollten, anstatt auf unser Bauchgefühl zu hören. Wir verkaufen uns an gesundheitliche Modeerscheinungen, statt nach den *Ursachen* für mangelndes Wohlbefinden zu fragen. Irgendwas gibt's ja immer von der Tablettenfirma mit dem bekannten Slogan. Und wenn wir sehr krank werden, schreiben wir in Foren, dass diese ganzheitlichen Hirnis unmöglich wären und zetern erbost: »Bevor ich an meinem Zustand in mir etwas verändere, rufe ich aus: ›Nur über meine Leiche!‹« Was durchaus manchmal wörtlich zu nehmen ist.

Ich glaube auch, dass jeder von uns hier eine bestimmte Zeit hat. Insofern könnte man sagen, dass eh alles egal ist, weil man demzufolge ohnehin stirbt, wenn es so weit ist. Das mag sein. Allerdings ist es doch nicht nur die Frage, wann man stirbt, sondern auch wie. Und mal ehrlich: Im Grunde träumen wir doch alle davon, bis ins hohe Alter fit und gesund zu sein, um dann eines Nachts friedlich einzuschlafen. Nur verhalten sich die wenigsten von uns so, wie es notwendig ist, um diesen Zustand zu erreichen, so er für uns erreichbar ist.

Bevor wir nun zur Umformulierung einer klassischen Gesundheitsfrage kommen, dürfen wir uns noch eines bewusst machen: Die meisten Kranken sind viel gesünder, als sie denken (!). Denn wir wertschätzen unsere Gesundheit nicht nur erst, wenn wir sie verloren wähnen, nein, wir fixieren uns fortan ausschließlich auf das, was nicht in Ordnung ist. Dabei haben wir noch genügend andere Organe, die hervorragende Arbeit leisten. Dabei haben wir noch viele andere Sinne zur Verfügung, die 1a funktionieren. Dabei haben wir 340 gesunde Tage im Jahr, während wir sagen, dass wir »ständig erkältet« seien. Und so weiter und so fort.

Nicht selten liest man von bewundernswerten Menschen, die es scheinbar wirklich schwer haben und denen es gelungen ist, mit den Karten, die ihnen das Leben zuspielt, meisterlich zu spielen. Ein berühmtes Beispiel ist der Australier Nick Vujicic. Der junge Mann hat weder Arme noch Beine. Und lebt sein Leben in vollen Zügen. Mittlerweile ist der Finanzberater verheiratet und hat sogar Kinder. Er schwimmt, surft, singt und spielt Golf. Weil er sich geweigert hat, das zu akzeptieren, was andere für ihn als wahr postuliert haben. Sein Motto: »From no limbs to no limits«, d.h. »Von keinen Extremitäten zu keinen Beschränkungen«.
Mit solchen Menschen sollten wir uns vergleichen, sofern wir überhaupt vergleichen wollen (was wir aber ohnehin praktisch nonstop tun, ob wir es nun merken oder nicht).

Hier nun eine typische Gesundheitsfrage, die Menschen stellen, die irgendwie schon glauben, dass ihre Krankheit eine nicht-physische Ursache haben könnte.

»Wieso habe ich diese Beschwerden?«
(Setze bitte ggf. dein genaues Krankheitsbild bei der Fragestellung ein)

»Was muss ich nicht tun, wenn/weil ich diese Beschwerden habe?«

»Woran erinnert mich dieser Schmerz?«

»Welche Assoziationen habe ich mit dem betroffenen Körperteil?«

»Wer wäre ich ohne diesen Schmerz?«

»Worüber beschwere ich mich immer wieder in meinem Leben?«

»Welche negativen Gefühle kommen in mir zusätzlich zum Schmerz hoch, wenn ich wieder darunter leide/an die Symptome denke?«
»Woher kenne ich diese Gefühle aus meinem Leben?«

»Mit welchem (An-)Teil von mir bin ich im Krieg?«
»Was an mir/in mir will ich nicht akzeptieren?«

THEMA »SPIRITUALITÄT«

Spiritualität – was ist das eigentlich? Da gibt es weltweit Milliarden von Spirituellen, von Katholiken über Buddhisten bis hin zu Schamanen. Sie alle glauben an sehr unterschiedliche Dinge und praktizieren noch unterschiedlicher. Daneben gibt es auch noch die Esoteriker. Viele »Spirituelle« wollen mit den »Esoterikern« nichts zu tun haben und bitteschön nicht verwechselt werden. Dann gibt es die, die sich mit sehr ähnlichen oder den gleichen Themen wie die Spirituellen beschäftigen, die sich aber »Philosophen« nennen und mit diesem spirituellen Zeugs nichts zu tun haben, weil sie zum Beispiel Atheisten sind.

Und es gibt die, die für sich weder das eine Label beanspruchen noch irgendein anderes. Die aber zufälligerweise ein Leben führen, das andere als sehr spirituell/esoterisch/philosophisch betrachten und bezeichnen würden.

Hm, worum geht es nun in diesem Kapitel?

Ich liste hier einmal ein paar der Fragen auf, die gerne von Menschen gestellt werden, die sich mit der sogenannten Geistigen Welt beschäftigen. Also mit Kräften und Wesenheiten, die jenseits der für unsere Augen sichtbaren Spektren liegen. Ich für meinen Teil weiß, dass es Energien gibt, die nichts mit meinem physischen Körper zu tun haben, weil ich schon viele Erfahrungen damit gemacht habe. Wer das selbst noch nicht erfahren hat, hat in aller Regel trotzdem eine Meinung dazu. Diese Meinungen finde ich persönlich ziemlich irrelevant, weil ich mich nur mit

Menschen über Dinge unterhalten möchte, von denen sie Ahnung haben. Ich frage ja auch keinen lebenslangen Vegetarier, ob er Hühnchen oder Rind bevorzugen würde, um dann nach seiner Meinung ein Menü für Tieresser zusammenzustellen.

Solltest du jemand sein, der sich als sehr »bodenständig« und »down to earth« beschreibt und nicht an diesen Unsinn glaubt, dann möchte ich dich dazu ermuntern, dieses Kapitel für dich einfach zu überspringen. Denn dann ist es einfach nichts für dich. Mach mit dem nächsten weiter. Und wenn du irgendwann einmal erlebt hast, was ich und viele andere schon erlebt haben, nämlich dass es absolute »mind blowing experiences« gibt, also Erfahrungen, die den bisher limitierten Geist einfach sprengen, dann kannst du das Buch ja wieder aus dem Regal holen.

Falls du bezüglich Spiritualität schon an dem Punkt bist, dass du auf keine andere Wesenheit als auf dich selber hörst, kannst du das Kapitel auch überspringen. Aber wenn dem so wäre, hättest du kaum bis hierher gelesen, oder? 😊

Hier nun ein paar typische Fragen, die Menschen auf der Suche nach Antworten gerne beantwortet hätten.

»Was sagen die Engel/was sagt mein Geistführer zu diesem Thema?«

»Welcher Teil in mir wird befriedigt, wenn eine scheinbare Autorität im Außen (ein Engelmedium etc.) mir diese Frage beantwortet?«

»Wieso glaube ich, diese Antworten nicht selbst aus der Geistigen Welt empfangen zu können?«

»Warum vertraue ich meiner Wahrnehmung nicht?«

»Was würde sich für mich ändern, wenn ich glauben würde, ich könnte fehlerfrei mit der Geistigen Welt kommunizieren?«
»Auf welche Fragen würde ich mir dann sofort eine Antwort wünschen?«

»Wieso stelle ich die gleichen Fragen wiederholt verschiedenen ›Autoritäten‹ (Medien, den Karten, dem Pendel usw.)?«
»Welche Antwort will ich keinesfalls hören?«
»Wieso nicht?«

»Welche Ängste würde es in mir auslösen, selbst mit der Geistigen Welt kommunizieren zu können?«
»Wer würde mich dann ablehnen?«

»Wieso glaube ich, dass ein Geistführer etc. mehr über mich weiß als ich selbst?«
»Was kann ich ganz konkret in meinem Leben/in mir verändern, damit ich mich selbst als absolute Autorität anerkennen kann?«

»Was verspricht der faule Teil in mir, der lieber will, dass ich andere frage, statt in mir zu forschen?«

»Woher kenne ich das Thema ›Abhängigkeit von größeren/wichtigeren/bedeutenderen Menschen als ich‹ noch aus meinem Leben?«

»Welche konkreten Schritte helfen mir dabei, mir selbst und meiner Wahrnehmung/meiner Intuition mehr zu vertrauen?«
»Welcher davon ist der nächste konkrete Schritt für mich?«
»Was oder wer unterstützt mich dabei?«

»Wer bin ich in Wahrheit?«

»Was würde sich in meinem Leben verändern, wenn ich eine klare Antwort auf diese Frage erhalten würde?«
»Auf welche Antwort hoffe ich?«
»Was würde passieren, wenn ich eine eindeutige Antwort erhalten würde, die eine scheinbar völlig unspektakuläre Energieform beinhalten würde? Wenn die Antwort also wäre: ›Kleiner Sternenstaubhaufen, vierter von links, Reihe 600 000, hinter dem Pluto‹?«

»Wer wäre ich gern, wenn ich nicht ich wäre?«
»Was wäre dann meiner Meinung nach besser, schöner, wunderbarer?«
»Wieso glaube ich nicht, dass ich dieses Bessere, Schönere und Wunderbarere auch in meiner jetzigen Seinsform haben/sein kann?«

»Welche konkreten Vorstellungen hast du davon, wie sich dir diese Antwort präsentieren soll? Ist es vielleicht jemand besonders Spektakuläres, zum Beispiel die Muttergottes persönlich, die zu dir spricht?«
»Welches Gefühl entsteht bei dir durch diese Vorstellung?«

»Was löst der Gedanke in dir aus, dass die Antwort schlichtweg lauten würde: ›Na, du halt!‹?«

»Was könntest du ganz konkret in deinem jetzigen Leben verändern, um dich mit dem, was und wer du bist, absolut wohlzufühlen?«
»Welchen dieser Schritte könntest du hier und jetzt sofort in die Tat umsetzen?«

»Wann habe ich mich als Kind als unzureichend empfunden?«
»Was hilft mir dabei, mich als absolut wertvoll zu erkennen und anzunehmen?«

»Bin ich dem Schicksal unterworfen, oder gibt es einen freien Willen?«

»Wie fühle ich mich, wenn ich an ein unabänderbares Schicksal glaube?«
»Wie fühle ich mich, wenn ich an einen absoluten freien Willen glaube?«

»Welche Rolle spielt Kontrolle in meinem Leben?«
»Was möchte ich gerne kontrollieren können?«
»In welchen Lebensbereichen fühle ich mich ausgeliefert?«
»Was macht das mit mir?«

»Wie würde sich mein Leben verändern, wenn ich mich ab sofort überhaupt nicht mehr anstrengen würde, weil ohnehin alles vorherbestimmt ist?«
»Wie würde sich mein Leben verändern, wenn ich genau wüsste, dass absolut alles, alles, alles in meinem Leben das Ergebnis meiner – größtenteils unbewussten – Schöpferkraft ist und ich wirklich über alles bestimmen und alles haben kann?«

»Welche Rolle spielt es hier und jetzt für mich, genau zu wissen, ob es das eine oder das andere gibt?«

»Welche Möglichkeiten finde ich noch für meine eigene Wahrheit jenseits einer Schwarz-Weiß-Malerei?«

FRAG DICH FREI, MENSCH!

Wenn du die letzten Kapitel nicht nur durchgelesen, sondern dir ein, zwei Fragen rausgepickt, sie dir laut gestellt und nach innen gehorcht hast; wenn du dir Zeit gelassen und nicht sofort, presto, presto, eine Antwort erwartet und ein paar Mal darüber geschlafen hast – ja, dann hast du ihn vielleicht schon erspüren und erfahren können, den unglaublichen Wert der dienlichen und zielführenden Fragen! Vielleicht sind dir sogar selber schon wichtige Fragen für dich selbst eingefallen, die dich deinen wünschenswerten Veränderungen und deiner Selbstbestimmung näher gebracht haben.

Wenn du diese Methode ernsthaft praktizierst, wirst du merken, dass die richtige Frage tatsächlich schon die halbe oder oftmals die ganze Miete ist. In meiner Beratungspraxis erlebe ich das immer wieder. Kaum gibt man den Menschen die entsprechende Frage an die Hand, und sie sprechen diese laut aus, ist ihnen oftmals sofort klar, wie die Antwort lautet. Dann stellen sich erkennbar ein klassischer Aha-Effekt und eine enorme Erleichterung ein. Oder aber die eine Frage wirft weitere Fragen auf, auch gut. Das heißt aber nicht, dass man sich nicht vom Fleck bewegen würde, sondern dass man einfach nur tiefer in sich selbst eindringt.

Eine dienliche, zielführende Frage kann nur der stellen, der wirklich weiß, was er wissen will. Damit bin ich einer bewussten Veränderung ein riesiges Stück näher gekommen, weil mir klarer wird, was ich tatsächlich will. Wahr ist, dass wir Menschen uns einfach nach bestimmten Gefühlszuständen sehnen. Wir möchten uns geborgen fühlen und sicher. Wir möchten uns anerkannt und gesehen fühlen. Und Respekt und Frieden erleben. Sogar die größten Streithähne möchten das. Sie haben es nur manchmal vergessen, das kommt vor. Trainiere dir wirklich an, mit dem Finger immer weniger auf andere zu zeigen und sie zu verurteilen und stattdessen hin zu dir selbst zu gehen und dir die entscheidenden Fragen zu stellen, etwa: »Was löst die Boshaftigkeit von Martin in mir aus? Wie reagiere ich?« Dann bist du bei dir. Und damit bei dem Menschen, bei dem du einzig und allein Veränderung bewirken kannst. Sei nicht bockig, weil du denkst, du tust das für andere, obwohl sie diese Arbeit tun müssten. Sei versöhnlich und dankbar, weil du so bewusst bist, diese Arbeit an dir tun zu können und zu dürfen! Sei für dich und dein eigenes Leben die Veränderung, die du dir für deine Welt und für die ganze Welt wünschst!

Mit den richtigen Fragen hast du schon einen enormen Schritt hin zu deiner Bewusstseinserweiterung und Zielsetzung gemacht. Zeit, ein paar klare Entscheidungen zu treffen, meinst du nicht?

ENTSCHEIDUNGS-
FREUDIGES

DAS KLEINE MISSVERSTÄNDNIS MIT DER LEBENSFREUDE

Du möchtest dein Leben verändern. Davon gehe ich nach wie vor aus, da du dieses Buch in der Hand hältst. Na ja, vielleicht möchtest du auch gar nicht dein Leben verändern, sondern du wünschst dir einfach, dass ein paar Dinge anders wären. So leid es mir für dich tut: Das läuft auf das Gleiche hinaus. Du bist es, der die Dinge in der Hand hat, jawohl! Und wenn du dir Zeit gelassen hast mit dem vorherigen Kapitel und dir durch dienliches und zielgerichtetes Fragen darüber klarer geworden bist, was genau du wirklich willst und welche konkreten Schritte dich deinen Zielen näher bringen, dann ist jetzt die Zeit reif für das zweite wichtige Element in Sachen Lebensumkrempelung: klare, absolute und zielführende Entscheidungen!

Dass Lebensfreude nicht immer bedeutet: »Hurra, ich hüpfe wie ein Osterhase auf der grünen Wiese!«, sondern etwas Elementares, Tiefes, Dauerhaftes ist. Dass das beinhaltet, das Leben so nehmen zu können, wie es gerade ist, solltest du bereit sein zu verstehen. Gerade während ich diese Zeilen hier schreibe, erreicht mich die Nachricht einer Freundin auf dem Handy. Ihr brodelndes Elend und Leid hat, wenig überraschend, mit Männern zu tun. Sie ist todunglücklich, weil das Wölkchenschwebegefühl nicht mehr da ist. Stattdessen Leere, Ungeduld, Unzufriedenheit. Das will sie nicht. Und das ist das eigentliche Problem. Vermutlich hätte sie jetzt erwartet, dass ich ihr empfehlen würde, die negativen Gefühle zu integrieren. Das ergibt schon oft Sinn. Heute aber empfehle ich ihr das Folgende: »Wenn du schon leidest, dann richtig! Nicht nur so ein bisschen! Komm schon, gib alles! Tauch so richtig ein in dieses Elend, und lass dich tragen von diesem ätzenden Gefühl!« Nachdem ich ihr erklärt habe, dass ihr Leid durch »es weghaben wollen« nicht weggehen, sondern eher noch schlimmer werde, ist sie dazu bereit, dann auch jetzt richtig zu leiden. »Ab morgen tauche ich ganz bewusst darin ein. Ich entscheide mich dafür, zu leiden«, schreibt sie zurück. Nix da! »Ab jetzt, ab sofort!«, erwidere ich. Ja, und was passierte? Da rät man jemandem, mal so richtig und ordentlich zu leiden und das bitte schön nicht auf morgen zu verschieben. Und was ist die Reaktion? »Jetzt lächle ich«, schreibt sie. Na prima! Mission gescheitert, würde ich mal sagen. Oder etwa nicht?

Die gute Nachricht ist: Die Kunst des Entscheidens trägt in aller Regel Früchte. Sie bringt Lösungen hervor, die besser funktionieren als bei diesem Beispiel. Denn wenn sich jemand dafür entscheidet, so richtig zu leiden, dann sollte er das doch fairerweise auch bekommen und nicht plötzlich anfangen, zu lächeln und sich besser zu fühlen, oder? Oder war vielmehr eine andere Entscheidung die mächtigere? Nämlich die, sich nicht mehr so unglücklich fühlen zu wollen?

Wie man sich zielführend entscheidet und wie man seine ganzen mehr oder minder verdeckten Ängste dabei überlistet, das erkläre ich auf den folgenden Seiten dieses Buches. Sei dir aber stets dessen bewusst, dass Lebensfreude, Glücklichsein und Erfüllung Gefühle bzw. Seinszustände sind, die dann für dich fühlbar und erlebbar sind, wenn etwas anderes fehlt, nämlich Leid. Und Leiden verschwindet, das wissen wir spätestens seit Buddha, wenn wir annehmen, was ist, und lernen, loszulassen, was vorbei ist. Bevor du dich das nächste Mal über negative Gefühle beklagst, entscheide dich doch mal *für* sie! Sag dir selbst: »Mann, fühle ich mich heute minderwertig! Das will ich jetzt mal so richtig spüren! Ich entscheide mich voll und ganz für dieses Minderwertigkeitsgefühl und bin bereit, durch und durch darin zu baden!« Bleibe dann zugleich in der Beobachterposition, und erlebe, was diese Entscheidung mit dir macht.

Falls dir das schwerfällt, empfehle ich den folgenden Gedanken: Stell dir einmal vor, das wäre das letzte menschliche Gefühl, das du je empfinden könntest! Stell dir vor, du wüsstest, dass du noch heute die Erde verlassen und nie wieder als Mensch zurückkehren würdest. Stell dir vor, ab diesem Moment gäbe es bis in alle Ewigkeit nur noch Wonne, Glückseligkeit und göttliches Frohlocken. Schön, oder? Aber wäre es dir nicht eine wertvolle »Urlaubserinnerung«, auch ein anderes Gefühl zu kennen? Später zurückzuschauen und zu sagen: »Ich kann einfach nur noch glücklich sein, das ist toll! Ich freue mich aber auch darüber, mal was anderes erlebt zu haben, das macht mein jetziges Glück umso wertvoller und fühlbarer.«

Lebensfreude ist immer in dir da. Sie ist nur mehr oder weniger verschüttet. Je besser du lernst, voll und ganz zu dir zu stehen, zu dem, wer du jetzt bist, und je mehr du erfährst, wer du in Wahrheit bist, umso leichter wird sie für dich fühlbar. Auch in Momenten deiner Wut, deiner Traurigkeit, deiner Verzweiflung. Zumindest dann, wenn du dich bewusst, beobachtend, akzeptierend und wahrnehmend auf sie einlässt. Das ist eine Kunst, die zu lernen ich dir absolut empfehle – es lohnt sich!

PS: Nach Abschluss dieses Kapitels kam von meiner Freundin folgende Nachricht, wortwörtlich: »So. Du bist meine Heldin des Tages. Danke. Danke. Danke. Mir geht's gleich viel besser.« Und das, weil man einem anderen Menschen geraten hat, mal so richtig zu leiden. Also so was.

Lebensfreude heißt nicht, den ganzen Tag im Blumenkleid auf der Wiese zu tanzen und Schalmeien zu tönen. Lebensfreude ist das Ergebnis deines Gleichmuts gegenüber dem, was ist, und deiner Bereitschaft, das loszulassen, was dir nicht mehr dient. Akzeptanz und weniger Ballast schaffen Raum für Freude!

Wut, Groll, Traurigkeit und all die anderen negativen Empfindungen schließen das Fühlen von echter, tiefer Lebensfreude nicht aus. Sie können wunderbar koexistieren. Bevor du sagst: »Das geht nicht!«, lies bitte das nächste Kapitel.

DIE MACHT DER BEWUSSTEN ENTSCHEIDUNGEN

Die Textnachricht meiner Freundin hat mir da eben mal dazwischengefunkt beim Schreiben. Denn eigentlich ist das doch ein schlechtes Beispiel, oder? Sie entscheidet sich dafür, mal so richtig zu leiden – und fängt an zu lächeln. Mission »Entscheiden« gescheitert! Na ja, irgendwie auch nicht so richtig, oder? Denn immerhin hat sie mich ja angeschrieben, um sich besser zu fühlen. Und das war quasi die große Überschrift, alle anderen waren dieser Entscheidung ja untergeordnet.

Wissenschaftlern zufolge treffen wir um die 20 000 Entscheidungen pro Tag. Manche schätzen sogar mehr. 20 000! Da wird man doch bekloppt, oder? Mitnichten. Denn gerade mal eine Handvoll davon treffen wir bewusst. Dabei ist jede Entscheidung machtvoll und gestaltet unser Leben mit! Und im vorherigen Teil des Buches über die Fragen haben wir ja schon gelernt, dass eine Frage eine Absichtserklärung ist. Das heißt: Jede Frage, die ich stelle, ist ebenfalls eine Entscheidung. Nämlich die, eine Antwort zu bekommen. Sonst würde ich die Frage ja gar nicht erst stellen. Rhetorischen Fragen liegt ebenfalls eine Entscheidung zugrunde. Nämlich die, keine direkte Antwort zu bekommen, aber (innerliche) Zustimmung zu erhalten. Hier weiterzulesen ist eine Entscheidung. Das Buch wegzulegen ist eine. Die Brille von der Nase zu nehmen, ist eine Entscheidung. Die Trennung vom Ehemann ist selbstverständlich auch eine Ent-Scheidung. Aber auch die, doch bei ihm zu bleiben. Hach, ist das Leben nicht kompliziert? Ja, schon. Na und? Das macht es doch nicht weniger schön. Außerdem kann ich jederzeit eine neue, bewusste und klare Entscheidung treffen: »Ab sofort ist mein Leben einfacher.« Das geht nicht? So einfach ist das nicht? Nun, dann dürfen wohl noch ein paar weitere Entscheidungen her, damit diejenige für ein leichteres Leben final umgesetzt werden kann.

Bitte mach dir aber auch an dieser Stelle bewusst, dass dein Gedanke »So einfach ist das nicht!« auch bereits schon wieder eine Entscheidung ist (ja logo, wo sollen die 20 000 am Tag denn sonst auch herkommen?). Du entscheidest dich dafür, diese »Wahrheit« weiterhin zu glauben. Du bekräftigst sie, indem du »So einfach ist das nicht!« zum x-ten Male denkst und jedes Mal innerlich nickst dazu. Du *willst* sogar glauben, dass das alles nicht so einfach ist. Nicht etwa, weil dieses negative Denken das Leben so viel bunter und fröhlicher macht. Sondern weil du dann recht behältst. Und vermutlich ahnst du nicht einmal, wie tief verwurzelt in uns der Wunsch ist, recht zu haben. Ich gebe dir einen Tipp: sehr, sehr, sehr tief. Er ist so tief vergraben und so groß, dass wir es schlichtweg ablehnen wollen, Macht zu besitzen und unsere Entscheidungen als enorm machtvoll anzuerkennen. Denn dann müssten wir erkennen, wie oft wir schon unrecht hatten und dass wir selbst es waren, die uns in diesem Elend gefangen gehalten haben. Dann lieber weiter die gewohnte Gegenwart erschaffen, indem man sich an alten Erfahrungen festklammert und dafür sorgt, dass sie sich wiederholen. Und wiederholen. Und wiederholen …

Die Anzahl möglicher Gedanken ist unendlich. So wie die Musik, die dich gerade umgibt. Wie, du hörst nichts? Oder nur ein Lied?

Tja, dann mach mal das Radio an, und dreh ein wenig am Knopf. Dann wirst du rasch feststellen, dass die »Luft« voller Musik ist, die du nur nicht hören kannst, weil du dein Empfangsgerät nicht darauf eingestellt hast. Das, was du über die Welt denkst, ist es, was dafür sorgt, dass du die Welt erlebst, wie du sie erlebst. Um das deutlich zu machen, nehme ich immer gerne das Beispiel mit dem Hund.

Entscheidungen bestimmen, wie wir die Welt wahrnehmen.
Dass wir manchen Gedanken glauben und anderen nicht, liegt größtenteils an unbewussten Entscheidungsprozessen, die auf bisherigen Erfahrungen, Prägungen und Mustern basieren.

Je bewusster du dir deiner Entscheidungen wirst, umso deutlicher wird dir, wie machtvoll jede einzelne Entscheidung für deine Selbstbestimmung ist.

AUF DEN HUND GEKOMMEN

Stell dir vor, auf der Straße sitzt ein Hund. Dann kommt ein Mensch des Weges, und der Hund springt auf und läuft auf ihn zu. Folgende Gedanken sind bei diesem Menschen möglich:

Variante 1: »Oh, ein Hund, wie süß!«
Variante 2: »Drecksköter! Iiiih, der hat bestimmt Flöhe, geh weg!«
Variante 3: »Dass diese dämlichen Hundebesitzer nie auf ihre Tölen aufpassen können!«
Variante 4: »Ich bin so traurig. Ich hätte auch so gerne einen Hund, aber das geht nicht.«

Und noch viele weitere Varianten sind denkbar. Im Außen ist es immer das gleiche Bild: ein Hund, der aufspringt und auf einen Menschen zuläuft. Je nachdem, welche Erfahrungen ein Mensch mit »Hunden« gemacht hat, denkt er dieses oder jenes. Von Entzücken über Ekel und Projektionen bezüglich des möglichen Besitzers bis hin zu Traurigkeit – das Kopfkino macht es möglich. Tatsächlich ist der Hund einfach: ein Hund. Er ist streng genommen nicht einmal ein Hund, sondern ein Lebewesen, das der Mensch »Hund« getauft hat. Was auch immer wir Menschen darüber denken, es ist wahr. Und es ist gleichzeitig nicht wahr. Weil der Hund einfach genau das ist, ein Hund. Nicht mehr und nicht weniger. Den Rest erfinden wir drumherum.

Wenn wir uns nun aber schon dazu entscheiden, etwas über unsere Welt zu denken, dann wäre es doch eigentlich sinnvoll, etwas Positives zu denken. Und wenn von uns selbst als negativ eingestufte Erfahrungen aus der Vergangenheit versuchen, das zu überlagern, dann können wir uns neu entscheiden. Manche Entscheidungen zeigen sofort Wirkung, andere entfalten sich über einen längeren Zeitraum. Eine meiner wichtigsten Entscheidungen meines jetzigen Lebens ist eine aus dem Jahr 2008. Sie wirkt immer noch nach und wird mich wohl bis ans Ende meiner Tage als Silvia Maria Engl begleiten.

Ich fällte sie, nachdem mir auf recht beeindruckende Weise klar geworden war, dass ich offenkundig nicht dazu in der Lage war, immer das zu tun, was ich als das Richtige empfand. Anders gesagt: Mir war klar, dass das Jobangebot, das ich bekommen hatte, ein Sechser im Lotto war, genau das, was ich mir gewünscht hatte, zu allen Bedingungen, die ich wollte. Und nach monatelangem (!) Hin und Her sagte ich zu. Und dann gleich wieder ab. Ich unterschrieb den goldenen Vertrag nicht, verärgerte meinen potenziellen Chef und sah mir selber kopfschüttelnd dabei zu, wie ich das Gegenteil von dem tat, was ich wollte. Hier konnte einfach etwas nicht stimmen! Ich kam mir vor wie eine Marionette. Nachdem ich damals noch meilenweit davon entfernt war, das über Entscheidungsprozesse zu wissen, was ich heute weiß (oder zu wissen glaube), traf ich eine Entscheidung, deren Tragweite mir Jahre später erst klar werden sollte. Ich stand im Freien, war wütend, enttäuscht, fassungslos. Und rief gen Himmel: »Alles, was an mir nur Erziehung ist, fliegt raus!« Damit wollte ich erreichen, ausschließlich die zu sein, die ich in meiner Essenz war.

Die Umsetzung dieser Entscheidung läuft, dank des hilfreichen Lebens, bis heute und wird wohl noch eine Weile andauern. Manche würden sagen, dass mein Leben seither sehr anstrengend ist. Mag sein, das ist ihre Bewertung (wir denken an den Hund). Es stimmt, dass ich nicht mehr so reibungslos »funktioniere« wie früher. Arbeiten, Karriere (als Selbstzweck statt Selbst-Zweck) anstreben, abends »Germany's next Topmodel« gucken, am nächsten Tag viel Geld für Kleidung ausgeben, um die viele Arbeit und die Schuldgefühle, nicht so schlank zu sein wie Heidi Klum nach vier Kindern, zu kompensieren, Tag für Tag das machen, was von einem erwartet wird, und so weiter und so fort. Stimmt. Das hat aufgehört. Und ja, ich bezahle dafür einen Preis. Ich bezahle den Preis, nicht mehr kreischend herumstehen zu können und zu jammern: »Ich bin das Opfer hier!« Ich kann nicht mehr mit dem Finger auf andere zeigen und sagen: »Das ist alles deine Schuld!« Ich kann nicht mehr behaupten, dass das System schlecht ist, und dabei glauben, das hätte mit mir nichts zu tun. Und von diesen Dingen gibt es noch eine Menge mehr, die ich so nicht mehr tun kann.

Manchmal tue ich sie trotzdem. Manchmal rufe auch ich noch meine Freundin an und sage: »Das ist ein unmögliches Verhalten von ihm!« Dann reden wir darüber, wie unmöglich das ist (Kunststück, es wird ja nur meine Sichtweise präsentiert, die hieb- und stichfest ist). Ich fühle mich für einen Moment lang gebauchpinselt. Dann aber fällt es mir wieder ein: Dass mich das niemals weiterbringt. Dass mich das nicht glücklicher macht. Dass ich mich anders, neu entscheiden kann. Dass ich mit dem Beharren auf meiner Sichtweise als Wahrheit 1000 andere Sichtweisen ausklammere, um ja recht zu behalten. Dass ich mich damit für Krieg statt Frieden entscheide.

Und dann bleibt mir nichts anderes übrig, als mich hinzusetzen und zu fragen:

»Was hat das mit mir zu tun?«
»Warum erlebe ich das?«
»Wieso erlebe ich es so, wie ich es erlebe?«
»Was ich kann ich hier und jetzt dazu beitragen, dass dieser Konflikt sich löst, zum Wohle aller Beteiligten?«
»Wo hat meine Kriegshaltung ihren Ursprung und ihre Heilung?«
»Wem muss ich laut meinem Ego vergeben, und wen darf und soll ich um Vergebung bitten?«

Und dann entscheide ich mich. Einmal mehr. Ich entscheide mich, meine Hausaufgaben in mir zu machen, statt der Welt, dem Leben oder einem einzelnen Menschen zu erklären, wie fehlerhaft, dumm oder uneinsichtig er ist.

Ja, das ist nicht immer einfach. Aber ich finde es weit einfacher, als fremdbestimmt und unglücklich zu bleiben.

Mit dieser Einstellung ist man nicht auf den Hund gekommen. Man ist einer.[15]

---

15 Anmerkung: In Bayern, wo ich aufgewachsen bin, ist das ein Kompliment! ☺

WIE WIR UNS VOR ENTSCHEIDUNGEN DRÜCKEN WOLLEN (UND ES ABER NIE SCHAFFEN)

»Gut. Mission ›Leben selbst bestimmen‹ läuft. Habe verstanden. Entscheidungen treffen, jawohl!

War's das? Sind wir jetzt hier fertig? Wozu eigentlich ein ganzes Buch zu Fragen stellen und Entscheidungen treffen? Das konnte ich doch vorher schon, tze«, denkst du jetzt wahrscheinlich.

Das ist richtig. Das konntest du vorher schon. Hast du dein Leben lang auch schon gemacht. Die Frage ist: So, wie du es bisher gemacht hast, hat das dazu geführt, dass du glücklich, erfüllt und selbstbestimmt lebst? Und falls ja, warum liest du das dann hier?

So viele Entscheidungen treffen wir unbewusst. Und um die, die wir bewusst treffen (müssen), versuchen wir uns oftmals zu drücken. Dafür finden wir unterschiedliche Möglichkeiten. Hier ein Beispiel:

Mein Dilemma: Ich bin an meinem aktuellen Arbeitsplatz nicht glücklich.
Ich bin aber kein risikofreudiger Mensch und habe Angst um meine finanzielle Zukunft. Eine Jobalternative sehe ich momentan nicht.
Bleiben oder gehen?

Da es mir schon lange nicht mehr gut geht bei meinem jetzigen Arbeitgeber, ist der einzig logische Schluss, dass ich dort weg muss. Morgens wache ich schlecht gelaunt auf, tagsüber schaue ich ständig auf die Uhr, wann endlich Pause bzw. Schluss ist, und das Einzige, was mich interessiert, sind Feierabend, Wochenende und Urlaub. Wenn ich krank werde, freue ich mich beinahe schon, weil ich dann nicht arbeiten muss. Das ist doch kein Leben!

Andererseits bezahlt diese Arbeit meine Miete, mein Essen, meine Rechnungen. Was, wenn ich einfach dort aufhöre? Wo soll ich wohnen? Was soll ich essen? Was, wenn ich den Zahlungsaufforderungen nicht mehr nachkommen kann? Oh Gott, das will ich mir gar nicht ausmalen! Nein, ich muss in Ruhe darüber nachdenken. Auf mein Bauchgefühl (»Geh!«) kann ich mich da nicht verlassen. So einfach ist das Leben nicht. Ich kann nicht einfach gehen. Was soll dann aus mir werden?

Ich kann mich jetzt einfach nicht entscheiden.

Kennst du das? Vielleicht genau so oder in einer anderen Form, bei einem anderen Thema? Konntest du dich auch schon einmal nicht entscheiden und hast es daher bleiben lassen?

Dann möchte ich dich gerne über einen grundlegenden Irrtum aufklären. Indem du das denkst, hast du dich bereits entschieden. Du hast dich dafür entschieden, dich nicht zu entscheiden – was de facto eine Entscheidung ist. Damit hast du dich auch dafür entschieden, alles beim Alten zu lassen. Auch keine Entscheidung für etwas anderes ist eine Entscheidung, nämlich für das Alte. Ein beliebter Verbündeter bei dem Versuch, sich um eine Entscheidung zu drücken, ist der Zweifel. Aus irgendeinem Grund glauben wir nämlich, dass es besser sei, sich nicht zu entscheiden, solange wir Zweifel haben. Der soll nämlich ein schlechter Ratgeber sein. So verzweifeln wir, weil wir so voller Zweifel sind. Und lassen sie doch nicht los, weil sie uns so wunderbar dienen.

Wir Menschen sind schon ganz besondere Konstrukte.
Ich sage ja: Wer mal nach innen schaut und entdeckt, was da so los ist, der braucht für Spannung keinen Krimi mehr. Da wird jeder »Tatort« blass neben dem, was in uns alles abläuft.

In jedem Moment triffst du Entscheidungen. Ob du aufstehst oder liegen bleibst, wenn der Wecker klingelt. Du behauptest, keine Wahl zu haben, und entscheidest dich daher jedes Mal gleich. Dabei hast du immer eine Wahl. Du hast nur Angst vor den Konsequenzen.

Deswegen entscheidest du dich vermeintlich nicht – und tust es doch. Denn bewusst nichts zu verändern, ist ebenfalls eine Entscheidung. Mit der du dich aber gegen den natürlichen Fluss deines Lebens stellst. Was sich auf Dauer meist als nicht sehr klug herausstellt.

OPFER, TÄTER – ODER MENSCH?
DU ENTSCHEIDEST!

Etwas, wofür wir uns auch immer wieder entscheiden, ohne dass wir uns das meist bewusst machen, sind Be- und Verurteilungen. Was aber hat ein Urteil nun mit einer Entscheidung zu tun? Und was hat das wiederum mit meiner Selbstbestimmung, meinem Lebensweg und meiner Freude zu tun?

Ganz einfach: Indem ich ein Urteil über einen Sachverhalt oder einen anderen Menschen fälle, treffe ich die Entscheidung, wie ich das/ihn sehen möchte und wie nicht. Und damit entscheide ich mich auch für eine Menge Gefühle.

Witzigerweise haben die meisten Menschen etwas gemeinsam. Egal, was passiert, egal, welcher Konflikt: In aller Regel sieht sich jeder erst einmal als das Opfer der Umstände oder anderer. Zu meiner Zeit als Lehrerin gab es in einer fünften Klasse einen Jungen, der in so gut wie jeden Konflikt verwickelt war. Dabei wechselten die Streithähne immer wieder mal, nur eine Konstante blieb: Anton[16]. Anton stritt mit Julian und mit Felix. Mit Hannah und mit Sabine. Wo es auch zu schlichten galt, immer war Anton mit dabei, und dabei reden wir hier nicht nur von Hänseleien, sondern immer wieder auch von richtigen körperlichen Angriffen auf andere. Sprach man Anton darauf an, sah er einen mit riesigen Kulleraugen an. Schimpfte man mit ihm, brach er schnell in Tränen aus. Mit einem Brustton der Überzeugung versuchte

---

16 Selbstverständlich ist das nicht sein richtiger Name.

er jedes Mal aufs Neue, zu erklären, warum er überhaupt nichts dafürkönne oder warum es gerecht gewesen sei, dass er sich gewehrt habe. Er war aus seiner Sicht immer nur Reagierender, nie Agierender. Und schon gar nicht das, wofür die anderen ihn hielten: der Täter in dem Spiel.

Das, was Anton uns hier zeigte, finden wir allüberall auf der ganzen Welt. Menschen streiten sich und beschuldigen sich gegenseitig, anstatt sich zusammen an einen Tisch zu setzen und darüber zu reden, wie es zu dem Konflikt kam, der ja doch sehr häufig aus falschen Interpretationen von Gesagtem oder Wahrgenommenem beruht. Dazu müsste man aber bereit sein, den eigenen Rechthaber mal für eine Weile in der Garage zu parken. Wie wir wissen, ist das nicht immer einfach. Aber lohnend.

Denn wir alle leiden doch unter diesen ständigen Schuldzuweisungen. Über Politiker, ja, da regen wir uns im großen Maßstab auf, weil sie es nicht schaffen, für Frieden auf der Welt zu sorgen. Aber selber mit gutem Beispiel voranzugehen und für ausnahmslosen Frieden im eigenen Umfeld zu sorgen, auch wenn das bedeutet, andere einfach mal recht haben zu lassen, schwierig, schwierig. Vor allem, weil wir ja nicht sehen, dass wir zumindest einen Anteil daran haben. Aus verschiedenen Gründen fällt es uns viel leichter, die Opferrolle anzunehmen, als uns als Täter zu sehen. Zum Beispiel, weil bei uns die »Opfer« diejenigen sind, die die Sympathien am ehesten bekommen. Oder den Zuspruch, Trost usw. Alle anderen manipulieren, betrügen, lügen. Nur bei einem selber ist es etwas anderes, denn dafür gibt es immer einen triftigen Grund. Anton lässt grüßen.

Wenn du dich dafür entscheidest, mal wieder in die Opferrolle zu schlüpfen, dann mach dir bitte Folgendes bewusst:

1. Kein Opfer kann selbstbestimmt sein. Denn es behauptet vor sich und allen anderen, dass es schwach sei.

2. Wer sich zum Opfer erklärt, gibt seine Macht ab. Opfer sind hilflos, ohnmächtig und handlungsunfähig. Es wird behauptet, der Täter sei mächtiger als man selbst.

Kein guter Ausgangspunkt für lebensbejahende Veränderungen und ein selbstbestimmtes Leben, meinst du nicht auch?

Mach dir einmal bewusst, wen oder was du für mächtiger hältst als dich. Das ist eine wichtige Übung für dich auf deinem Weg hin zu mehr Selbstbestimmung! Fertige hierzu eine Liste an. Oben schreibst du »Mächtiger als ich sind …« Und dann fängst du an zu schreiben, ohne groß nachzudenken. Vermutlich fallen dir als Erstes mächtige Institutionen ein. Oder aber auch Personen aus deinem nahen Umfeld. Natürlich gehen auch Dinge wie Atomwaffen. Schreib einfach auf, was dir dazu einfällt.
Im nächsten Schritt machst du dir bewusst, wann du dich dafür entschieden hast, dich diesen Dingen, Menschen und Einrichtungen gegenüber machtlos zu fühlen. Denk dabei an kleine Kinder. Sie fürchten erst einmal nichts und niemanden. In ihrer unschuldigen Art können sie sich noch gar nicht vorstellen, dass ihnen jemand etwas Böses tun könnte. Irgendwann aber treffen sie, aufgrund von Erfahrungen oder weil sie glauben, was andere sagen, eine neue Entscheidung: nämlich die, sich machtlos zu füh-

len. Bei allen Nachteilen, die das mit sich bringt, darf man einen entscheidenden Vorteil nicht übersehen: Damit gibt man auch die Verantwortung ab. Hurra!

Natürlich ist das keine Aufforderung, dass du dich ab sofort vor jeden Panzer werfen sollst, weil du sowieso mächtiger bist. In meiner Glaubensvorstellung bist du es. Wobei nicht du als Mensch es bist, sondern die Liebe. Oder wie es der wunderbare, humorvolle und großartige Vipassana-Lehrer S. N. Goenka einmal in einem seiner Vorträge mit einem überzeugten Tonfall formulierte: »Dhamma works!«, was so viel bedeutet wie: »Die universelle Liebe funktioniert!« Bis du das aber in seiner vollen Kraft bewusst erleben kannst, ist es ein langer Weg (vielleicht auch ein kurzer). Du brauchst kein Superheld zu werden. Du brauchst nicht ab sofort salbungsvoll durch die Straßen zu gehen und lauthals deine Absolution für alles und jeden zu verkünden (kannst du aber, wenn du Lust darauf hast). Auch sollst du keinesfalls deine eigenen Ohnmachtsgefühle durch Machtgehabe kompensieren (das tun schon genug andere). Macht ist nicht etwas Brutales oder Gieriges. Wie auch der Hund aus unserem früheren Beispiel ist Macht einfach Macht. Ob es dir gefällt oder nicht: Jede deiner Entscheidungen ist machtvoll. Das zeigt sich am Zustand deines Lebens. Sogar wenn du früher eine schwierige Zeit hattest, ist die längst vorbei. Du kannst dich also zum Beispiel dafür entscheiden, die Vergangenheit wirklich ruhen zu lassen. Und das in dir zu heilen, was dafür noch zu heilen ist. Das zu vergeben, was hierfür noch zu vergeben ist. Ich weiß, wie sehr man diese Entscheidung ablehnen kann. Ich weiß, wie stur und hartnäckig man sich dagegen auflehnen kann. Und ich weiß, wie wohltuend und Frieden bringend es schließlich ist, wenn man es doch tut. Diese Erleichterung würde ich auch dir von Herzen gönnen. Doch ich kann dir diese Entscheidung nicht abnehmen. (Du erinnerst dich, da war was mit Eigenverantwortung.)

Außerdem kannst du dich dafür entscheiden, und das vorrangig um deinetwillen, die Klassifizierung der Welt in Schwarz und Weiß, in Gut und Böse, in Opfer und Täter fallen zu lassen. Dich einmal dafür zu entscheiden, wird nicht reichen. Du darfst es wieder und wieder tun. Entscheide dich gegen dieses alte Muster, und entscheide dich dafür, ab heute in jedem Menschen das zu sehen, was er ist: ein Mensch. Genau wie du.

Es gibt nichts Schöneres auf der Welt, als etwas »Unverzeihliches« zu verzeihen (außer vielleicht Schokoladeneis).

Die Einteilung der Menschen in Opfer und Täter basiert auf einer Entscheidung. Und zwar deiner, wie du die Welt sehen willst und dich darin.

Man neigt dazu, sich selber im bemitleidenswerten Licht sehen zu wollen, um gemocht und geliebt zu werden.

Dafür gibt man seine ureigene Macht ab, die natürlich an allen möglichen Ecken und Enden dann fehlt, wenn es um Selbstbestimmung geht.

Triff eine neue Entscheidung! Entscheide dich dafür, deine Mitmenschen als Menschen anzuerkennen und Punkt! Entscheide dich auch dafür, deine Macht über dein Leben und wie du es sehen willst, zu dir zurückzunehmen!

ENTSCHEIDUNGEN TREFFEN, DIE DU WIRKLICH TREFFEN WILLST

Was also hilft dir nun ganz konkret dabei, dein Leben selbstbestimmt und erfüllt gestalten und leben zu können?

Allem voran: deine Entscheidung dafür.

Ich saß mit einem Bekannten, den ich längere Zeit nicht gesehen hatte, beim Abendessen. Bei der Gelegenheit erzählte er mir von seiner aktuellen Beziehung und wie schwierig alles sei. »Warum kann es nicht einfach mal leicht sein in einer Partnerschaft?«, seufzte er tief und innig. – »Hast du dich denn schon einmal dafür entschieden, dass deine Beziehungen zu Frauen einfach sein dürfen?«, fragte ich ihn neugierig. – »Hm, ja, da hast du recht. Ich sollte mich wohl einfach mal klar dafür entscheiden.« Sprach er und jammerte weiter. Als er nach dem Essen erneut fragte, warum es bei ihm immer so schwierig sein müsse mit den Frauen, erinnerte ich ihn an die Idee, sich einmal klar und deutlich dafür zu entscheiden, dass es ab sofort leicht sein dürfe. Wieder pflichtete er mir bei, dass das eine großartige und richtige Idee sei. Er tat aber was nicht? Richtig. Er entschied sich nicht dafür. Auf dem Weg zur U-Bahn das gleiche Spiel noch einmal. Ein drittes Mal wies ich ihn darauf hin, dass er sich jederzeit neu entscheiden könne. Und wieder stimmte er mir zu, tat aber nichts dergleichen.

Was mein Bekannter so wunderbar aufgezeigt hat, tun wir ständig, zumindest aber sehr häufig. Wir stellen eine Frage, die keine ist. Er stellte keine echte Frage, denn offenkundig wollte dieser

Mann keine Antwort, die lösungsorientiert war, sondern einfach nur jammern. Er hatte gar nicht vor, sich und sein Leben zu verändern. Er hatte nicht vor, Leichtigkeit in seine Beziehungen zu bringen. Offenkundig gab es einen verdeckten Gewinn durch seine Misere, dem er aber zu diesem Zeitpunkt noch nicht auf die Spur kommen wollte. So klagte er, und so klagen wir, ohne eine bewusste, klare Entscheidung für eine positive Veränderung zu treffen, in dem Bewusstsein, dass dies Konsequenzen für uns haben wird.

Interessanterweise ist bei vielen Menschen »Konsequenzen« ein böses Wort. Kein Wunder, hören wir es doch meist mit drohender Stimme gegen uns ausgesprochen: »Na warte, das wird Konsequenzen haben!« Und wir ahnen: Das ist nichts Gutes, was da auf uns wartet. Doch wer sagt uns schon: »Oh, freu dich, das wird Konsequenzen haben!«, und strahlt dabei über das ganze Gesicht? So landen wir in einer Falle. Wir wissen genau, dass jede Entscheidung Konsequenzen mit sich bringt. Aufgrund unserer Prägungen im Unterbewusstsein fürchten wir Konsequenzen aber wie der Teufel das Weihwasser, weil sie dort als etwas Schreckliches abgelegt sind. Kein Wunder, dass die meisten Menschen lieber nach dem »Drei-Äffchen-Prinzip« leben (nix hören, nix sagen, nix sehen) und hoffen, dass der Kelch der Konsequenzen an ihnen vorübergehen möge! Triff also bereits hier eine erste, neue Entscheidung:

»Ich entscheide mich dafür, die Konsequenzen aus meinen Entscheidungen als etwas Bereicherndes, als etwas Freudvolles für mich und alle anderen zu erleben!«

Entscheide dich dafür, dass dir bewusst wird, wie großartig Konsequenzen sein können! Denn sie sind die Folgen deiner Entscheidungen, die du ab sofort für mehr Selbstbestimmung und Lebensfreude triffst! Mach dir bewusst, dass dein Leben so, wie es ist, dich ja nicht erfüllt, zumindest nicht voll und ganz in allen Bereichen (und JA, das geht, egal, was deine Glaubenssätze jetzt behaupten). Wenn du Angst davor hast, dass dein Lebens-Wandel schiefgehen könnte, dann frag dich doch zunächst einmal, ob dich dein bisheriger Lebenswandel geradlinig an die Ziele deiner Träume gebracht hat. Nein? Ok, dann ist das Risiko ja nicht so groß, oder? Und falls dir diese Erkenntnis gar nichts hilft, dann triff eine Entscheidung!

»Ich entscheide mich dafür, dass ich all meine Ängste und Bedenken hinsichtlich möglicher Konsequenzen loslassen kann. Auch wenn ich hier und jetzt nicht weiß, wie das gehen soll, entscheide ich mich voll und ganz dafür!«
(Der zweite Teil dieser Entscheidung ist bewusst grün geschrieben. Denn diesen Satz solltest du dir für alle deine kommenden Entscheidungen unbedingt merken!)

Das Ego lullt uns immer wieder ein mit seinem »Mimimi!« und »Ich hab' so Angst, weil ich nicht weiß, wie das gehen soll!«. Und zack, schon lassen wir von unseren Zielen ab, weil der Verstand keine Instantlösung parat hat. Das Ego hat gewonnen, wir haben verloren. Damit ist jetzt Schluss! Gewöhn dir an, bei all deinen Entscheidungen, die an dem »Ich weiß aber nicht, wie« zu scheitern drohen, diese wichtige Ergänzung anzufügen: »Auch wenn ich keine Ahnung habe, wie das gehen soll, entscheide ich mich dafür.« Du kannst auch gerne noch dazu sagen: »Und ich lege das Wie in Gottes Hände/in die Weisheit des Lebens. Ich vertraue das Wie dem Universum/meinem Höheren Selbst an. Usw.« Je nachdem, was für dich stimmig ist und dir Kraft gibt.

Den meisten meiner Klienten nimmt das eine unheimliche Last von den Schultern. Von Kindesbeinen an wird uns eingetrichtert, dass wir gefälligst nachdenken sollten, dass wir immer Lösungswege parat haben müssten usw. Doch niemand lehrt uns, das Vertrauen ins Leben beizubehalten, das wir eigentlich ganz selbstverständlich in uns tragen. Das ist sehr schade, denn später brauchen wir ziemlich lange, um da wieder hinzukommen, wo wir als Babys schon einmal waren. Das ist gleichzeitig kein Grund, zu jammern, denn wir haben unser Leben ja in der Hand, in jedem Moment. Es in Gottes (o. Ä.) Hände zu legen, erleichtert einfach ungemein, ohne dass wir hier aber die Verantwortung für unsere Miseren anderen Menschen zuschieben. Sobald ich aber das auch mit der höheren Macht versuche, ende ich im gleichen Konflikt. Denn für mich (!) spielt es keine Rolle, ob ich meinen Nachbarn oder meinen Schutzengel zum Sündenbock meiner misslichen Lage mache. So oder so bin ich sauer, und es tritt keinerlei Verbesserung ein, weil ich wütend bin, statt zu vergeben und weiterzugehen.

Welche Entscheidungen möchtest du nun mit diesem Wissen und Bewusstsein für dich treffen? Du hast nun so viel gelesen, hoffentlich so vieles für dich erkannt! Es ist Zeit, dass du anfängst zu handeln! Immerhin heißt das Buch »Verändere dein Leben!« und nicht »Schau entspannt passiv zu, was so passiert!«. Das ist dann für Fortgeschrittene, die ihr totales Urvertrauen schon wiedergefunden haben. 😊

Formulier jetzt für dich drei ganz wichtige Entscheidungen! Denk an deine für dich wichtigen Fragen und was du durch sie erkannt hast. Wo besteht Änderungsbedarf? Was braucht es als Erstes, um die Veränderung einzuleiten? Und wenn du jetzt sagst, dass die Angst weggehen muss, dann triff die Entscheidung, dass sie es tut, egal wie. Entscheide dich aber auch danach für das Folgende:

»Auch, wenn ich jetzt noch Angst vor den Veränderungen in meinem Leben habe, entscheide ich mich trotzdem bewusst dafür, sie dankbar anzunehmen. Denn tief in mir weiß ich, dass die Zeit gekommen ist und alles zu meinem Besten geschehen wird.«

Tja, mit »Warten, bis die Angst weggeht« ist es leider nichts geworden, auch wenn du darauf gehofft haben magst. Man kann nämlich sehr wohl die Hosen voll haben UND den nächsten Schritt gehen. Erinnere dich mal an den Anfang des Buches und an die Achterbahnfahrt unserer Sarah. Sie war nicht angstfrei, als sie mit ihrer Cousine in die »Höllenkutsche« einstieg. Aber sie ist eingestiegen. Und konnte so eine völlig neue Erfahrung machen. Ja, es gibt ein gewisses Risiko. Ja, es könnte sein, dass genau das die Achterbahnfahrt gewesen wäre, bei der es ein großes Unglück gegeben hätte. Da hast du recht. Aber wenn du so argumentierst, mit irgendwelchen 0,067-Prozent-Wahrscheinlichkeiten, dann hör jetzt bitte auf zu lesen, denn du könntest dabei einen Herzinfarkt erleiden. Die Wahrscheinlichkeit, dass du in unseren Breitengraden nämlich an einer Herz-Kreislauf-Erkrankung stirbst, liegt bei über 40 Prozent. Und das kann dich überall treffen, auch auf deiner Couch.

Mach dir mithilfe der zielführenden Fragen klar, was du *wirklich* willst. Und dann entscheide dich dafür. Jetzt, hier. Wo sonst, wann sonst?
Bitte tu dir selbst einen Gefallen, und beende das ziellose Jammern! Ersetze es durch das Bewusstsein dafür, was du willst, wer du bist, wohin deine Reise ab jetzt gehen soll, ungeachtet dessen, was irgendwann einmal war! Du darfst es dir wert sein, endlich ein authentisches, erfüllendes Leben zu leben! Eines, das du selbst gestaltest und bestimmst und nicht eines, das aus angeblichen Wünschen und Erwartungen deiner Eltern, Lehrer oder der Gesellschaft besteht. Im Grunde sind das auch nur Ausreden, um nicht endlich auf den Putz zu hauen und das eigene Ding durchzuziehen. Machen wir uns doch nichts vor.
Außerdem habe ich es dir im Vorwort schon verraten: Mir tust du damit so nebenbei auch noch einen ziemlich großen Gefallen. Denn ich bin ein großer Fan unserer Welt, voll mit selbstbestimmt lebenden, glücklichen Menschen, die erkannt haben, wer sie sind, was sie wollen und das auch tun. Oh ja, dafür entscheide ich mich wieder und wieder, immer wieder gern.

Notier dir jetzt auf einem Blatt Papier deine drei für dich jetzt wichtigsten Erkenntnisse und Entscheidungen.

✦ ✦ ✦

Mach dir durch Meditation, deine innere Stimme und/
oder durch dir dienliche Fragen bewusst, was du
wirklich willst. Also nicht nur an der Oberfläche,
sondern wirklich, aus deinem tiefsten Inneren heraus!

Mach dir auch bewusst, dass die Entscheidungen, die du
bewusst fällen wirst, alle Konsequenzen haben werden.
Mach dir aber auch bewusst, dass du ohnehin permanent
Entscheidungen fällst und dass auch diese Konsequenzen haben. So haben viele, viele Entscheidungen in den
letzten Jahren, die du getroffen hast, dich an genau
den Punkt gebracht, an dem du jetzt bist. Willst du hier
bleiben, oder wünschst du dir wirklich Veränderung?

Veränderung geht nicht ohne Konsequenzen!
Anders gesagt: Konsequenzen sind notwendig, damit
Veränderungen entstehen können. Je klarer und
bewusster du bist, umso mehr kannst du dein Erleben
der Konsequenzen mitgestalten! Denn es geht nie um
das, was wir erleben, sondern wie wir es erleben.
Und darauf haben wir einen enormen Einfluss.

WIE DAS WIE AUSSEHEN KANN (KANN!)

Hier noch eine kleine Anekdote aus meinem Leben, die dir vielleicht weiterhelfen kann. Mittlerweile ist meine Erinnerung voll von solchen Geschichten. Weil ich mich und meine Wünsche immer wieder hinterfrage und mich immer wieder und immer mehr bewusst entscheide – für mich. Für mein Leben. Selbstbestimmt, verbunden mit anderen, frei. Für den Punkt, an dem du bist, finde ich diese Geschichte sehr passend.

2011 kam einer meiner ehemaligen Seminarteilnehmer nach einem Vortrag zu mir. Er hielt ein Magazin in der Hand, von dem ich noch nie etwas gehört hatte, das »Engelmagazin«. »Schau mal, das habe ich gestern im Wartezimmer gesehen, und ich habe gleich an dich gedacht. Ich habe es dir dann gekauft, weil ich dachte, das passt zu dir.« Diese Geste fand ich wirklich sehr nett. Ich freute mich und nahm das schöne Heft in die Hand. »Vielleicht stehst du da ja auch mal drin«, sagte mein Überbringer und zwinkerte. Pfffff, ich! Wieso sollte ich in einem Magazin stehen? Ich traute mir offenkundig damals noch nicht wirklich viel zu, obwohl ich das bei all dem, was ich tat, längst schon hätte tun können.

Das Magazin gefiel mir. Und je länger ich meinen Blog schrieb, umso mehr wuchs in mir dieser Wunsch heran: »Ich *möchte* für das Engelmagazin schreiben!« Ich entschied mich dafür, dass ich das irgendwann könnte. Dass es irgendwie klappen würde. Auch (und das ist das Entscheidende), wenn ich keine Ahnung hatte, wie das gehen sollte.

Wenn ich eines mittlerweile aus Erfahrung weiß, dann das: Wir werden immer gehört.

Sei bitte wirklich offen dafür, wie sich nach deiner Entscheidung das Wie präsentiert. Sprich: Je weniger du darüber nachdenkst, wie die Lösung für dein Problem aussehen könnte, umso besser. Denn dann beschränkst du deine Wahrnehmung nicht schon wieder und verpasst vielleicht das Beste. Hör auf deine Impulse! Trau dich, Neues zu wagen! Achte auf das, was andere dir erzählen! Schau, welche Bücher dich ansprechen – sie könnten einen wichtigen Hinweis oder sogar die Lösung für dich beinhalten! Und pfeif auf diese alten Verhinderungsmuster! Eine Weile nach meiner Entscheidung, dass ich für das Engelmagazin schreiben wollte, hatte ich plötzlich einen sehr starken Drang, zum Engelkongress nach Hamburg zu fahren. Von München aus. Nach kurzer Berechnung der Kosten kam ich auf schlappe 500 Euro für dieses Wochenende. 500 Euro, dafür fliegen andere eine Woche lang in die Türkei! Oder kaufen für sich und ihre Familie einen Monat lang Essen und mehr. Da hab ich ganz schön geschluckt. Obwohl ich das Geld zur Verfügung hatte, wurde das alte Geizhals-Ego in mir aktiv und erzählte mir, was das alles für eine Verschwendung sei und das für ein Wochenende, für eins! Wo man doch nicht einmal wissen könne, ob diesem komischen Impuls zu trauen sei. Was, wenn gar nichts Spektakuläres passieren würde? Was, wenn das Geld zum Fenster rausgeworfen wäre? 500 Euro, Mann, Mann, Mann …

Ich bin gefahren. Weil ich tief in mir wusste, dass meine Intuition mein bester Ratgeber ist – der Geizhals aber nicht aus dem

Herzen, sondern aus uralten Prägungen kam, die eigentlich nicht einmal zu mir gehören. Unterschätze nie, nie die Macht deiner Entscheidungen! An diesem Wochenende lernte ich den Chefredakteur des Engelmagazins kennen. Der wiederum erkannte mein Schreibtalent und lud mich zum nächsten Magazinstammtisch ein, wo ich mich als »Nobody« unter lauter bereits bekannten und erfolgreichen Autoren wiederfand. Neben mir saß ein wunderbar charmanter Mann, der damals für einen sehr erfolgreichen Trainer im deutschsprachigen Raum arbeitete. Ihm erzählte ich während des Essens meine Geschichte, samt meinem Ausstiegsprojekt »Ein Jahr leben«, das ich gerade angetreten hatte. Während ich das alles für normal und unspektakulär hielt, war er total begeistert. Er nahm mich bei der Hand und führte mich zu einem der anderen Tische. Dort baute er sich vor Markus und Heidi Schirner auf und verkündete den beiden verdutzten Gesichtern: »Darf ich vorstellen? Das ist eure neue Autorin Silvia Maria Engl!«

Es sollte noch gut zwei Jahre dauern, bis er formal gesehen recht behalten würde. Aber es kam so. Mein Weg als Autorin war geebnet. Ein paar Monate später erschien auch mein erster Artikel beim Engelmagazin, viele weitere sollten folgen. Die 500 Euro waren also nicht »verloren«. Sie waren eine Investition in meine Bestimmung und meine Zukunft gewesen. Meiner Intuition war das völlig klar gewesen. Kunststück, sie kennt meinen Weg und die besten und leichtesten Mittel, ihn gehen zu können. Neben meinem Vertrauen in meine Intuition, die mich weg vom Schulbetrieb hin in ein Freijahr (es wurden zwei) nach Hamburg, Indien, Thailand und auf die Philippinen brachte, ohne wirkliche

Ahnung zu Beginn, wie ich währenddessen/danach Geld verdienen würde, brauchte ich damals also nur noch eine klitzekleine weitere Sache: Vertrauen ins Leben.

Je weniger du dir vorstellst, wie genau dein Wie, also deine Lösung, auszusehen hat, umso leichter kannst du dich auf das einlassen, was dann geschieht.

Kein Buch der Welt kann es dir abnehmen, dein Urvertrauen in dich und das Leben wiederzugewinnen. Dieses Buch hier möchte dich aber dringend dazu ermuntern, dich dafür zu entscheiden und diese Reise anzutreten. Es lohnt sich!

KLITZEKLEINE HAKEN WIE ZWEIFEL UND UNGEDULD ENTHAKEN

Ja, wir wünschen es uns, wieder und wieder. Dass da jemand kommt, der uns bei der Hand nimmt und sagt: »Alles wird gut!«, und wir können erleichtert aufseufzen, weil wir tief in uns wissen, dass es stimmt.

Die Sehnsucht des kleinen Kindes in uns, das von Papi und Mami an die Hand genommen werden will.

Es gibt Menschen, die haben dieses Bedürfnis nicht. Sie sind groß geworden mit einem enormen Selbstvertrauen. Oder anders gesagt: Sie haben es nie verloren. Es wurde sogar noch gestärkt. In aller Regel braucht es dazu Vorbilder, die einem genau das vorleben. Eltern und andere Erwachsene, die sich nicht an vermeintliche Sicherheiten verkaufen, sondern die sagen: »Mein Kind, ich versuche jetzt etwas Neues. Das ist wichtig für mich, und ja, es kann schief gehen. Aber hey, bis jetzt hat das Leben noch immer für uns gesorgt. Und nichts ist so wichtig, wie, deine Träume zu leben!« Jemand, der das sagt und es aus jeder Pore heraus als wahr verströmt. Und der dir beides vorleben kann: dass es gut geht und wie es weitergeht, wenn es nicht gut geht.

Pech nur, dass sehr wenige solche Bilderbucheltern in Sachen Vertrauen haben. Weil die meisten Eltern derartige Bilderbucheltern ebenfalls nicht hatten. Und deren Eltern wohl auch nicht.

Was also tun?

Sich selbst und den Eltern/Geschwistern/Lehrern usw. (oder genauer gesagt: letztlich sich selbst) vergeben und dann neue Entscheidungen treffen.
Klingt einfach, ist es nicht immer, führt aber ans Ziel. Schritt für Schritt.

Wenn dich manches hier nervt, weil es gedruckt so einfach klingt, die Umsetzung für dich aber so schwer ist, dann wisse: Ich verstehe dich. Ich verstehe dich sogar sehr gut. Ich schreibe hier nicht aus der Theorie heraus, sondern aus der Praxis. All deine Zweifel, deine Ängste – ich kenne sie. Ich habe selber so viele Qualen durchlitten, und auch heute noch pralle ich immer wieder einmal gegen eine Wand aus Wenns und Abers. Doch je öfter ich trotzdem – oder sogar genau deswegen – weitergehe, umso öfter kann ich erleben: Es geht weiter! Immer! Und es wird immer leichter, besser, freier und schöner! Weil es in Wahrheit nicht darum geht, welche Karten dir das Leben auf den Tisch legt. Sondern wie du damit spielst! Schon so mancher hat trotz eines Top-Blattes das Spiel verloren und ein anderer mit nichts den Jackpot abgeräumt. Halte dich nicht damit auf, dich mit anderen zu vergleichen und bedrückt festzustellen, dass die eine (vermeintlich) viel bessere Ausgangsposition hatten als du! Halte dich nicht damit auf, neidisch auf die Kirschen in Nachbars Garten zu schielen! Sondern ziehe Bilanz, hier, jetzt! Was hast du? Was brauchst du? Was brauchst du *wirklich*? Wo stehst du dir dabei selber noch im Weg? Und wofür darfst du dich entscheiden, damit deine Ziele Realität werden?

Leg bitte für einen Moment das Buch weg. Völlig egal, ob dich Partnerschaft, Beruf, Gesundheit oder Freundschaften beschäftigen, nimm dir wirklich Zeit, diese eben aufgeführten Fragen für dich zu beantworten. Denn Bücher lesen ist toll und inspirierend. Es bringt nur nichts, wenn du nur liest und nichts davon TUST. Also, Lesepause! Fragen, entscheiden, jetzt!

****

Was macht dein Vertrauen? Woran zweifelst du? An wem, an was? Mach dir das jetzt ganz bewusst!

Zweifel sind bei Veränderungen etwas völlig Normales. Und auch per se nichts Schlechtes. Sie zwingen dich, noch einmal innezuhalten und dich genau zu überprüfen.
»Ist es wirklich das, was ich will?«
»Ist das der richtige Schritt in die richtige Richtung? Oder will nur mein Kopf es, und mein Bauch sagt etwas ganz anderes?«

Natürlich sollen die Zweifel nicht von Dauer sein. Und sie sollen dir nicht als Ausrede dafür dienen, letztlich doch nichts zu verändern. Netter Versuch, läuft aber so nicht. Zumindest nicht, wenn du dich klar entschieden hast.

Wenn dich aber die Zweifel wieder plagen, dann nimm dir einen Moment lang Zeit. Wir neigen dazu, das Unangenehme weghaben zu wollen. Dabei liegt der Trick darin, anzunehmen, was ist. Und das wollen wir jetzt üben.

Setz dich an einen ruhigen Ort, und nimm dir Zeit für dich. Beobachte ein paar Minuten lang das, was dich innerlich bewegt. Denke an die bevorstehende Veränderung, und schau mit deinem inneren Auge genau hin, was das in dir auslöst.

Ist das Unruhe? Pocht dein Herz stärker? Schnürt es dir den Hals zu, den Magen? Vielleicht vieles auf einmal? Konzentriere dich auf die stärkste körperliche Reaktion! Beobachte sie, und lass sie einfach da sein, ja, lass sie sogar noch größer werden! Gib diesem unangenehmen Gefühl Raum und Platz. Denke dabei daran, dass es die Reaktion auf deine Gedanken ist, nicht etwa auf etwas, das jetzt in diesem Moment real wäre. Du kannst einfach zuschauen, und es da sein lassen. Das ist absolut sicher für dich.

Spüre nun immer tiefer in dieses Gefühl hinein. Sprich laut die Frage aus: »Was willst du mir sagen?« Oder auch: »Warum bist du eigentlich wirklich da?« Erlaube deinem Gefühl, zu dir zu sprechen. Du hast die Kunst des Fragenstellens schon gelernt. Frage weiter! »Was darf ich tun, oder was soll ich lassen, damit du gehst? Was unterstützt mich konkret dabei, mehr vertrauen zu können/in die Ruhe zu kommen/ Geduld zu entwickeln etc.?« Formuliere die Fragen so, dass es genau auf dich passt! Und wieder: Höre in dich hinein, höre deinem Gefühl zu! Auch, wenn es sich unangenehm anfühlt: Es zeigt sich dir hier und jetzt, weil es eine wichtige Botschaft für dich hat! Wenn du das Gefühl hast, alles Notwendige zu wissen oder dass es sich jetzt auflöst, dann danke diesem Gefühl, dass es da war und dir geholfen hat.

Je öfter du diese Übung machst, umso rascher wirst du feststellen: Das, was du bislang als Feind betrachtet hattest, nämlich mangelndes Vertrauen und Ungeduld, beinhaltet wichtige Botschaften für dich. Diese Gefühle sind entweder Relikte aus deiner Vergangenheit, die mit diesem Moment aber eigentlich nichts zu tun haben, oder sie haben eine Botschaft für dich. So oder so lohnt es sich, dass du dir Zeit nimmst und diesen Gefühlen Raum gibst!

Du kannst auch jeden deiner Gedanken innerlich spüren. Denk an etwas Wunderschönes, und du wirst körperlich etwas wahrnehmen können, zum Beispiel, dass dein Brustraum weiter zu werden scheint. Denk an etwas Unangenehmes, und auch jetzt wirst du wieder merken, dass sich dieser Gedanke in deinem Körper widerspiegelt. Dein Körper ist ein wunderbarer Übersetzer für deine Gefühle und Emotionen! Nutze das, und erlebe, was sich allein dadurch verändert, dass du das aufkommende Gefühl akzeptierst, respektierst und ihm Raum gibst!

Im Übrigen ist Ungeduld nichts anderes als mangelndes Vertrauen ins Leben, dass es dir zum idealen Zeitpunkt alles zur Verfügung stellt. Würdest du das glauben, würdest du nie mehr siedend heiß darauf warten. Wozu auch? Denn du würdest ruhig darauf warten können, dass es zu dir kommt, wenn du es brauchst, statt es schon ewig im Voraus »sicher« haben zu wollen.

Lerne, dir selbst wieder zu vertrauen!
Lerne, dem Leben wieder zu vertrauen!

Und wenn du das heute noch nicht kannst, dann … entscheide dich dafür, es wieder zu lernen. Egal, wie.

WILLST DU NICHT LESEN, SOLLTEST DU ABER: VON DEINEN RECHTEN UND PFLICHTEN ALS MENSCH

Gut, sagen wir mal so: Mit unseren Rechten beschäftigen wir uns prinzipiell schon gerne. Denn dass uns etwas zusteht, das können wir sofort bejahen. Schwieriger wird es, wenn es darum geht, zu akzeptieren, dass mit Rechten Pflichten einhergehen. Ja, schon gut, ich höre die Sätze schon. Sätze wie »Ich muss gar nichts.« Stimmt ja auch. Du musst nichts. Aber du kannst vieles. Und wenn du dir erst einmal wirklich bewusst machst, dass du kein losgelöstes Individuum hier auf diesem Planeten bist, dann wird aus »müssen« und »können« recht schnell »wollen«. Aber eines nach dem anderen.

Fangen wir hier doch erst einmal damit an, auf deinen Frust und deine Unzufriedenheit einzugehen, die vielleicht im Laufe des Lesens hier entstanden sind.

Da kaufst du dir ein Buch mit dem vielversprechenden Titel »Verändere dein Leben!« Seine Lektüre soll dir Selbstbestimmung bringen. Steht ja immerhin alles auf dem Cover. Dann geht es pfiffig-lebendig los, noch interessant. Als es aber an die Methoden geht, kommen Zweifel auf. Fragen stellen? Entscheidungen treffen? Das soll es sein? Das soll dein Leben verändern? Also dafür hätte es nicht wirklich noch einen Ratgeber gebraucht.
Stimmt. Darum schreibe ich keine Ratgeber, sondern Wegweiser. Wieso sollte ich dir Rat geben wollen? Jeder erfolgreiche Autor

kann im Grunde nichts anderes tun, als zu sagen: »Schau mal! Bei mir hat das klasse funktioniert! Ich empfehle dir, es auch mal damit zu versuchen!« Doch da hört der Traum für die meisten auf. Denn was die Masse an Menschen sucht, ist Magie. Hexerei. Feuerwerke, denen man beim Abbrennen zusehen kann, bei denen man »Aaaah!« und »Oooooh!« macht, selber aber passiv rumstehen und geschehen lassen kann. Im Grunde soll mit dem Lesen eines Buches der Job schon erledigt sein. Und weil das ein Traum ist, der nicht auszusterben scheint, als so sinnlos er sich auch wieder und wieder herausstellt, verkauft sich alter Wein in neuen Schläuchen einfach bombig. Wer kann bitteschön die Anzahl von Diätratgebern (und jetzt auch Apps) schon beziffern? Der Markt ist überschwemmt davon. Jährlich erscheinen Abertausende von Büchern zu diesem Thema. Und die Käufer und Leser erhoffen sich jedes Mal wieder das Gleiche: »Wenn ich dieses Diätbuch gelesen habe, wird sich mein Leben ändern!« Natürlich werden sie einräumen, dass ihnen schon klar ist, dass sie selber auch etwas dazu beitragen müssen. Trotzdem kaufen sie sich nach diesem Buch, das sie ganz toll fanden, ein weiteres. Und noch eines. Anstatt sich für eine Methode zu entscheiden und diese einfach mal ein Jahr lang durchzuziehen, um dann zu entscheiden, ob sie was taugt oder nicht.

Uns fehlt es an Konsequenz.

Womit wir wieder beim bösen K-Wort wären, das in Wahrheit ein Segen bringendes Wort ist.
Wir Menschen haben unendlich viele Rechte. Jeder, der hier auf der Erde geboren wurde, hat das Recht, hier zu sein, egal, mit

welchen beschränkten Kommentaren er auch begrüßt wird. Es gibt kein einziges Kind auf diesem Planeten, das einem »Unfall« geschuldet wäre. Traurig genug, wenn Eltern ihre eigenen Themen nicht lösen und ihren Kindern daher fortwährend erzählen, dass das eigene Leben besser verlaufen wäre ohne sie. Auch das ist nur eines von unzähligen Beispielen dafür, wie man die Verantwortung für das eigene Leben auf andere abwälzen will, wie etwa auf die eigenen Kinder.

Sei du anders!

Fang du bei dir an!

Erkenne, dass dein Leben ist, wie es ist!

Erkenne, dass es nicht darum geht, was in deinem Leben da ist oder fehlt, sondern darum, wie du das erlebst!

Die Bewertung deines Lebens entspringt deinem Urteilen darüber.

Egal, was jemand sagt oder denkt.
Egal, was du sagst oder denkst:
Du hast das Recht, zu leben.
Du hast das Recht, selbstbestimmt zu leben.
Du hast das Recht, andere vor den Kopf zu stoßen mit deinen Veränderungen, deiner Wildheit, deinem Quertreiben, deinem Loslassen!

Du hast das Recht, alles hinzuschmeißen, was du nicht mehr willst!

Du hast das Recht, dich davor zu fürchten.

Du hast das Recht, deine Furcht zu besiegen.

Du hast das Recht, deine wahren, jetzigen Gefühle zum Ausdruck zu bringen, ob das anderen passt oder nicht.

Du hast das Recht, dich nicht darum zu kümmern, was andere über dich denken.

Du hast das Recht, all das zu tun, was dir guttut, und das Recht, all das zu lassen, was dir schadet.

Klingt das gut?

Bist du mit dabei?

Willst du das?

Willst du dieses Recht endlich vollauf leben und über dich selbst und dein Leben selbst bestimmen?

Ja?!!

Dann mach dir klar: Du hast ebenso die Pflicht, all das zu tun.

Und nun lies die Liste bitte noch mal mit diesem Bewusstsein.

Unsere Welt ist in einem Zustand, der weit davon entfernt ist, als »paradiesisch« zu gelten.

Nicht Gott hat uns aus dem Garten Eden vertrieben. Das haben wir auch selbst geschafft.

Ich brauche dir hier nicht mit Zahlen und Fakten zu kommen. Das Internet ist voll davon. Doch es ändert nichts, den Menschen Zahlen unter die Nase zu reiben. Sie sagen dann: »Oh Gott, ist das schlimm!«, und machen weiter wie bisher.

Außerdem kann ich dir für jede erschreckende Zahl auch ebenso eine schöne Zahl präsentieren. Aber auch das verändert dein Leben nicht.

Weil nur du dein Leben verändern kannst.
Weil nur du dein Er-Leben verändern kannst!

Hast du dich schon dafür entschieden?
Oder bist du noch am Nicken?

Ich bin es leid, so viele Menschen leiden zu sehen.
Was ich tun kann?
Ich kann MEIN Leid lindern.
MEIN Er-Leben verändern.
MEIN Leben noch mehr selbst bestimmen und gleichzeitig erkennen, dass alles gleichzeitig auch in den Händen unseres Kollektivs liegt.

Immer dann, wenn wir auf etwas scheinbar Paradoxes stoßen, sind wir der Wahrheit näher denn je.

Es ist dein Recht, über dein Leben zu bestimmen.
Es ist dein Recht, dein Er-Leben neu zu formen.
Es ist dein Recht, dich gut zu fühlen und alles dafür zu tun, dass es so ist und so bleibt.

Und all das ist deine Pflicht, Mensch.
All das.

VERÄNDERUNGS-ANSPRUCHSVOLL

VERÄNDERE DEIN LEBEN, BEVOR ES DICH VERÄNDERT!

Sei anspruchsvoll!
Es ist immerhin dein Leben.

Kehren wir zum Ausgangspunkt zurück.
Wenn man der These glaubt, dass Veränderung das einzig Konstante im Universum ist (und ja, das glaube ich, und ja, wir erinnern uns: beim Paradoxon kommen wir der Wahrheit näher), dann stellt sich doch erneut die Frage, ob dieses Buch nicht total überflüssig ist. Bisschen spät diese Zweifel so gegen Ende, oder? Nein. Denn ich zweifle nicht an dem Buch. Es hat seinen Ursprung in all den Erfahrungen der letzten Jahre, die ich bei meiner Beratungsarbeit machen durfte. Immer wieder drehte es sich bei Stagnation und Unzufriedenheit um das Gleiche: die falschen Fragen und mangelnde Entscheidungen. Schaue ich mir die Menschen an, die nach Orientierung, nach Rat und nach Hilfe suchen, nicken sie mir zu und sagen: »Ja, doch, bitte schreib das mal auf. Auch wenn ich es schon weiß, tut es mir gut, daran erinnert zu werden.«

Es ist richtig. Die Veränderungen, die notwendig sind, damit du deine Lebensziele erreichst, werden eintreten. Egal, wie stur du dich hinstellst und sagst: »Nix! Alles bleibt so, wie es ist!« Du kannst aber sehr wohl darüber entscheiden, wie du die Veränderungen erleben willst. Als sanfte Brise oder tobenden Orkan. Oder irgendwas dazwischen, je nachdem, wann du die Schalter umlegst, von stur auf offen. Von Starrsinn zu Starsein. Werde der

Star deines Lebens, der genießt, was ihn umgibt und was das Leben ihm zu Füßen legt!

Fragt man Menschen, die sogenannte Schicksalsschläge erlitten haben und daraufhin viel ändern mussten, so erkennen viele von ihnen in der Rückschau, dass sie eigentlich schon lange gewusst hatten, dass sie etwas hätten ändern sollen. Sei es durch Zeichen im Außen oder eine innere Stimme, die immer wieder das gleiche Lied angestimmt hatte. Wenn Menschen erfahren, dass ich mit Mitte 30 beschloss, für ein Jahr auf ein Einkommen zu verzichten, um das Leben wieder zu lernen und herauszufinden, wer ich sein will, wenn ich niemand sein muss, dann kommt in aller Regel die gleiche Reaktion: »Ganz schön mutig!« Und das kommt von einer Gesellschaft, in der Burn-out zum Volkssport geworden ist. *Das* ist ja aber was anderes. Wenn man sich erst einmal krank und ausgelaugt geschuftet hat, dann ist das ok, wenn man sich verändert bzw. seine Lebensumstände. Aber ein gesunder, arbeitsfähiger Mensch Mitte 30? Der hat doch wohl zu funktionieren!

Wenn die Menschen hier das wirklich glauben, wirklich – warum nennen sie mich dann mutig?

Diese Reaktion zeigt, dass es so viele gibt, die davon träumen, einfach mal hinzuschmeißen. Parallel dazu werden die Befürworter des BGE mehr, des bedingungslosen Grundeinkommens. Ich kann nur für mich sprechen. Was mich angeht, so weiß ich genau, dass ich mit dem BGE in jedem Fall weiterarbeiten würde. Ich würde weiter meine Bücher schreiben. Meine Vorträge halten. Menschen inspirieren wollen. Ich müsste mir nur nicht überlegen, ob das meine Miete bezahlen kann. Ja, wir hätten sicherlich mehr Künstler. Und was wäre daran so schlecht? Kunst heißt, etwas auszudrücken, was im Innersten schlummert. Das kreativ zum Ausdruck zu bringen, heißt, es zu befreien. Sich selbst zu befreien. Das wiederum macht einfach glücklicher. Wir lassen uns kaufen, für »Sicherheit«, für eine »gesicherte Zukunft«, von der wir doch nicht einmal wissen, ob wir sie erleben. Und sind dafür bereit, unsere Gegenwart zu verramschen.

Natürlich erzählen dir viele, dass radikal neue Konzepte wie das BGE »nicht finanzierbar« wären. Ich sage dir aber, dass wir hier in einem Land leben, das Geld für die kuriosesten, verrücktesten und brutalsten Dinge hat. Solange hier fünf Milliarden Euro (in Zahlen: 5 000 000 000) für ein gescheitertes Drohnenprojekt verschwinden und der zuständige Minister noch nicht einmal zurücktreten muss; solange die Bevölkerung hier nicht aufsteht und sagt: »Ihr piept doch nicht richtig!«, solange lächle ich und bin entspannt. Denn dann weiß ich: Uns geht es gut. Wir sind alle satt. Wir haben nach wie vor alles im Überfluss. Denn außer Reden nichts gewesen. Im Zeitalter von Facebook und Twitter reicht es, die eigene Erbostheit zu posten, das ist Protest genug. Darum mögen es ja die »Mächtigen dieser Welt« auch, dass die Ärmsten noch Fernseher und Facebook haben. (Als ich auf den Philippinen war, staunte ich erst einmal nicht schlecht, als ich erfuhr, dass jeder, auch wenn er kein Guthaben für Internet auf dem Smartphone hat, Facebook kostenfrei nutzen kann. Wem das wohl nützt?) Denn dann sind die Menschen beschäftigt, abgelenkt, befriedigt. Satt und versorgt. Panem et circenses[17] reloa-

---

17 Der lateinische Begriff für die römische Strategie »Brot und Spiele«, um das Volk ruhig zu halten.

ded. Man wähnt sich informiert und ahnt nicht einmal, dass man gezielt gelenkt wird. Das ideale Volk!

Wahre Selbstbestimmung, das heißt mehr als nur die eigene Meinung durch den virtuellen Äther zu blasen!
Wahre Selbstbestimmung beginnt damit, sich selbst und sein Innerstes zu erforschen.
Festzustellen, was im Argen liegt.
Sich von all den Abgründen und der Leere in sich nicht abschrecken zu lassen, sondern auszurufen: »Macht nix! Ich räume jetzt hier mal auf, das schaff ich schon!«
Selbstbestimmung bedeutet, sich an Immanuel Kant zu erinnern, der schon vor 250 Jahren versuchte, die Menschen aus ihrer dumpfen Passivität zu reißen. »Aufklärung ist der Ausweg aus der selbstverschuldeten Unmündigkeit«, heißt es in einer seiner berühmtesten Schriften.[18] Das liest man auch heute noch nicht gern. Wer erkennt sich schon gerne als nicht aufgeklärt? Wir hier, die doch Zugang zu allem Wissen haben! Und unmündig sind wir schon gar nicht! Das ist allenfalls Opa. Und der muss damit leben, dass wir das jetzt schriftlich haben. Selbstverschuldet? Niemals! Die Mutter, der Vater, die Geschwister, die Lehrer, die falschen Freunde – sie sind alle schuld daran, dass es uns nicht gut geht. Sie haben die Fehler gemacht, die wir jetzt ausbaden müssen.

Ach, Immanuel, wir wollen deine Wahrheit immer noch nicht hören. Wir wollen doch nicht verantwortungsvoll sein.
»Verantwortung«, das ist ein ebenso böses Wort wie »Konsequenz«. Außer man bringt es mit Karriere in Verbindung. »Er hat

---

18 Aus dem Essay »Beantwortung der Frage: Was ist Aufklärung?« aus dem Jahr 1784.

jetzt Verantwortung für 250 Leute«, sagt man dann. Na ja, eigentlich sagt man noch lieber: »Er hat jetzt 250 Leute unter sich«. Wer die Verantwortung hat, hat die Macht. Wie der General. Wie der Chirurg. Wie der hochrangige Politiker. Man lässt sie schalten und walten. Und wehe, sie machen einen Fehler! Denn wenn jemand schon so einen Posten bekleidet, in dem er so mächtig ist bzw. so einen Beruf innehat, dem wir viel gesellschaftliche Anerkennung zollen, dann wollen wir ihn auch mit Steinen bewerfen dürfen, wenn er versagt. Es ist einfach viel bequemer, andere verantwortlich zu machen, als nach dem eigenen Anteil zu schauen.

Aus Hawaii kommt Ho'oponopono. Viele kennen es, meines Erachtens nach zurecht, als Heilmittel. Dabei stehen zwei Dinge im Mittelpunkt: Eigenverantwortung und Vergebung. Medizin, die vielen so bitter schmeckt und die doch die wahre Süße in sich trägt. Bei einem Konflikt geht es bei Ho'oponopono nicht darum, wer schuld an der Misere ist, sondern welchen Anteil man selbst daran trägt, dass es ist, wie es ist. Die englische Redensart »It takes two to tango«[19] drückt das spielerisch aus. Wenn einer streiten will und der andere nicht mitmacht, gibt es keinen Streit. Dann ist allenfalls einer unzufrieden. Also haben sich bei einem Konflikt mindestens zwei Menschen dafür entschieden, (auf unterschiedliche Arten) mitzumachen.

Zum anderen geht es darum, nach der Selbsterkenntnis den anderen und anschließend sich selbst um Verzeihung zu bitten. Den anderen für das, was man ihm an Schmerz zugefügt hat, sich selbst dafür, dass man sich in dieser schädlichen Geisteshaltung gefangen gehalten hat, die einem selbst und dem anderen

---

19 Auf Deutsch: »Für einen Tango braucht es zwei.«

Schmerz verursacht hat. Wer Ho'oponopono schon einmal prakti-
ziert hat, weiß um seinen Segen und seine wohltuende Wirkung.
Dabei ist es ebenso einfach wie wirkungsvoll. Im Prinzip basiert
es laut der landläufigen Verbreitung auf vier Sätzen:

»Es tut mir leid.
Bitte verzeih mir.
Ich liebe dich.
Danke.«

Bei »Es tut mir leid« kann man das entsprechende Thema formulieren, zum Beispiel »Es tut mir leid, dass ich dich immer wieder
wie ein dummes Kind behandle.« »Ich liebe dich« ist nicht im
partnerschaftlichen Sinne gemeint, sondern zielt auf die höhe-
re Wahrheit ab, dass wir letztlich alle eins sind und jenseits dieser menschlich-beschränkten Wahrnehmung alle in Liebe sein
können und sind. Es mag für uns ungewohnt sein, zu einem
anderen Menschen wie zum Beispiel dem Vorgesetzten »Ich liebe dich« zu sagen. Daher ist es sicherlich beruhigend, dass man
Ho'oponopono für sich alleine auf geistiger Ebene ebenso wirkungsvoll praktizieren kann. Der andere muss nichts davon erfahren, und es wirkt trotzdem.

»Das muss der andere aber auch machen, der hat ebenso Schuld
daran!«, ruft der gekränkte Teil in dir nun sicherlich aus. Nein. Niemand muss etwas. Auch nicht der »böse Mensch«, der dir »das
angetan« hat. Wer liest dieses Buch, hier, jetzt? Du. Und wenn du
jetzt wieder versuchst, die Verantwortung für dein Empfinden,
dein Er-Leben davon abhängig zu machen, dass ein anderer etwas tut, damit dein gekränktes Ego befriedigt wird, bist du kein

Stück weiter als vor der Lektüre dieses Buches. Magst du weiterhin trotzig ausrufen, dass andere etwas tun müssen, damit es dir besser geht (was es aber faktisch nicht tut), oder bist du jetzt bereit dazu, wirklich die Verantwortung für dein Er-Leben zu dir zurückzunehmen? Selbstbestimmung beinhaltet, dass du eben nicht mehr darauf angewiesen bist, was andere sagen, denken und tun, damit es dir gut geht. Du bestimmst. Und du erlaubst anderen, davon zu halten, was sie wollen.

Ja, das alles sind sehr anspruchsvolle Aufgaben. Sie verlangen dir viel ab, das stimmt. Allem voran die Idee, dass du mit deiner Sichtweise auf dich, andere und das Leben unrecht hast. Das ist nicht angenehm. Es ist nicht angenehm, zu erkennen, dass man in Wahrheit selbst der Sturschädel ist. Dass man selbst uneinsichtig und in der Wahrnehmung beschränkt ist. Es ist nicht schön, wenn man erkennt, dass man mit jedem »Aber …!«, das man hier ausruft, versucht, das eigene Weltbild zu retten, das einen bisher aber nicht wirklich glücklich gemacht hat. Dein Ego versucht alles, um dich in deiner Unzufriedenheit zu halten. Dabei ist es ein exzellenter Verbündeter der Menschen, die das auch möchten. Denn wer unzufrieden ist, unausgeglichen und unglücklich, der konsumiert weit über das lebensnotwendige Maß hinaus. Er ist manipulierbar, verführbar, kaufbar. Überleg dir mal, wie verrückt es ist, dass wir riesige Flachbildfernseher kaufen, um ein »Echterlebnis« zu haben, wenn wir Naturfilme ansehen, anstatt einfach raus in den Wald zu gehen und dort die Natur wirklich zu fühlen und zu erleben!
Im Gedicht »Die Wälder schweigen« von Erich Kästner macht der Sprecher deutlich, dass der Mensch jeglichen Kontakt zur Natur verloren hat. Anstatt die Jahreszeiten draußen zu erleben, lese er

darüber in der Zeitung. Die Seele, sagt er, werde vom Pflastertreten krumm. Und auch von der Magie der Kommunikation mit den Bäumen ist hier die Rede. Die Bäume hätten die Gabe, die Seelen umzutauschen, lässt man sich erst einmal auf sie ein, draußen im Wald. Und in ihrem Schweigen vermögen es die Wälder, jeden zu trösten, der zu ihnen kommt.

Wahrlich, das kann ich nur unterstreichen. Wer Bäume umarmen für esoterischen Quatsch hält, hat es noch nie bewusst und sich darauf einlassend getan. Denn dann wüsste er, dass davon ein Zauber ausgeht, der durch und durch irdisch, erdig und kraftvoll ist. Bäume besitzen eine immense Klugheit, und ich schätze sie als ganz besondere Ratgeber. Sorge für dich, Mensch! Sorge für dich, indem du dich dir selbst zuwendest!

Tu etwas! Lass nicht länger zu, dass dich die Schatten in dir kaputt trampeln! Ja, es mag sein, dass irgendwann, irgendwo, irgendwer dir Schmerz zugefügt hat. Und es war sicher nicht schön. Aber hier und jetzt, in der Gegenwart, hat dies nur noch deshalb Macht über dich und dein Er-Leben, weil du daran festhältst! Es ist vorbei, verstehst du? Nur indem du weiterhin an deiner Traurigkeit, an deiner Enttäuschung, an deinem Frust und deiner Wut festhältst und dich weigerst, dir und allen Beteiligten (einschließlich dem Leben selbst!) zu vergeben, hat das noch Einfluss auf dich. Mag sein, dass du es nie vergessen wirst. Macht nix, denn es ist ja auch ein Teil von dir. Aber es ist ein Unterschied, ob du an deinen negativen Gefühlen festhältst oder ob du es einfach als eine von vielen Erinnerungen deines Lebens verbuchst.

Und es ist egal, ob der andere deinen Zorn verdient. Es ist egal. Weil es dieser Person nicht schadet, dass du zornig bist. Es schadet alleine dir.

Das Festhalten an deinem Zorn verändert dich. Es raubt dir die Seele. Es raubt dir die Unschuld. Deine Wut frisst dich auf, nicht den anderen. Du veränderst dich. Nicht weil das Leben dir so Mieses beschert hätte. Sondern weil du nicht dazu bereit bist, das Vergangene vergangen sein zu lassen und dich Neuem zuzuwenden. Nein, ich rede keine schweren Schicksale klein. Ich habe großen Respekt vor jedem einzelnen Leben. Doch ich sehe auch, dass es für jede einzelne Sache, die unverzeihlich scheint, mindestens einen Menschen gibt, der zeigt, dass man auch das überwinden kann. Dass man sehr wohl verzeihen kann. Und so eine Inspiration für so viele andere Menschen sein kann, die noch da feststecken, wo man selbst einmal war.

Dann sind da noch die Ereignisse, die ich »Meilensteine« nenne. Es sind Begegnungen, Erfahrungen, an denen du nicht vorbeikommst, egal, wie sehr du sie auch zu vermeiden versuchst. Das kann das äußerst unwahrscheinliche Zusammentreffen mit der Liebe deines Lebens sein wie auch der Skiunfall, der dich dazu zwingt, deine Firma aufzugeben und dich neu auszurichten. Mutige Menschen wagen es, diese lebensverändernden Ereignisse zu hinterfragen. Sie trauen dem Leben zu, dass alles einen Zweck erfüllt, auch wenn dieser zu Beginn der Reise auch mal grausam und schaurig aussehen mag. Wenn einer dieser Meilensteine in deinem Leben ansteht, dann wird er kommen, so oder so. Die Frage ist nur, wie leicht oder schwer du es dem Leben machen willst, dieses Ereignis einzuläuten. Wehr dich, wie du willst: Das Leben wird dich in die Richtung verändern, die für dich und ggf. andere Menschen wichtig ist. Und es gibt klare Anzeichen dafür, ob der eingeschlagene Weg der richtige ist. Wie sehr habe ich beispielsweise vor Jahren versucht, beim Staat Karriere zu machen! Und alles schien nur so danach zu schreien! Ich lernte einflussreiche Leute kennen, hatte die berufliche Beurteilung, die der Türöffner auf dem Papier war. Ich wurde zu entsprechenden Vorstellungsgesprächen eingeladen. Und bei all der Begeisterung für meine Person, die man mir wieder und wieder entgegenbrachte – bekam ich Mal um Mal eine Absage. Es war zum Mäusemelken! Natürlich stellte auch ich damals die »falschen Fragen«: »Wieso klappt das nie? Was soll ich denn noch alles tun? Warum schaffe ich es jedes Mal in die letzte Runde und fahre dann eine Abfuhr ein?« Usw. usw. Erst als ich mir die »richtige Frage« stellte, änderte sich plötzlich alles. Irgendwann war ich schlau genug, eine andere Frage zu wählen. Sie lautete: »Was genau würde sich in meinem Leben verändern, wenn ich so eine Stelle bekommen würde? Was wäre das Erste, was ich tun würde?« Und zu meinem großen Entsetzen ploppte sofort die folgende Antwort in mir auf: »Ich würde zu meinen Eltern fahren und es ihnen unter die Nase reiben.«

Ach du Grüne Neune! All die Anstrengung über all die Jahre hinweg, nur um es meinen Eltern aufs Butterbrot zu schmieren? Ja, was versprach ich mir um Himmels willen davon? Sie waren doch schon stolz auf mich. In mir schien es einen Teil zu geben, der seit langer, langer Zeit Perfektionismus und einen Karrierewunsch als Rache einsetzte! Wie verrückt wir Menschen doch oftmals ticken.

Anstatt mich zu überprüfen, zu erkennen und zu heilen, warum ich mich seit Jahrzehnten so über alle Maße anstrengte, perfekt zu sein (was natürlich nie ausreichte, weil es immer noch besser geht), rieb ich mich auf, um meinen Eltern irgendetwas heimzuzahlen, was sie mir in Wahrheit nie angetan hatten. Irgendwo war ich als Kind einmal falsch abgebogen. Ich hatte irgendwelche Bemerkungen schmerzhaft interpretiert, hatte ein gebrochenes Kinderherz, und seither setzte ich Erfolg als Mittel zur Rache ein. Vermutlich verstehst du nun, wovon genau ich rede, wenn du dich zumindest in Ansätzen schon mit Psychologie beschäftigt hast. Es mag für dich seltsam klingen, aber so verrücktes Zeug tun wir wirklich.

Der Schreck über mich selbst und meine Motivation saß tief. Nein, das wollte ich wirklich nicht. Ich war seit Jahren auf einem Irrweg und hatte es jetzt erkannt. Da stand ich nun, ich ehemaliger Tor, und war endlich klüger als zuvor. Dann tat ich das einzig Richtige: Ich gab auf.

Ich stand in meiner Küche, völlig ratlos, wohin ich nun sollte. Alles, alles war die letzten beiden Jahrzehnte darauf ausgerichtet gewesen, diesen Weg zu gehen. Nun hatte ich ihn als Sackgasse identifiziert und fühlte mich orientierungslos. Was für ein Geschenk! Denn mir blieb nichts anderes übrig, als jeden weiteren Willen, mein Leben kontrollieren zu wollen, aufzugeben und einfach abzuwarten, was jetzt kommen würde.

Glaub es oder nicht: Keine Viertelstunde später fand ich mich vor meinem Laptop wieder und war fasziniert von einem Tagesseminar mit dem seltsamen Thema »Die Macht der Gedanken«. Ich hatte mich davor mit so etwas nicht beschäftigt. Jetzt aber saß ich hier und war wie magisch angezogen davon. Ich hatte keine Ahnung, warum. Ich wusste nur: »Da muss ich hin!« Zeit, Geld, alles egal. Irgendetwas zog mich mit einer Kraft und Bestimmtheit, die keinen Zweifel aufkommen ließ.

Das, was (m)ein Ende zu sein schien, war in Wahrheit der Anfang. Der Anfang der Reise zu mir selbst.
Meinem Lebensweg.
Meiner Bestimmung.

Hätte ich damals nicht aufgegeben, mich ergeben, und stur weitergemacht wie bisher, dann hätte sich das Leben etwas anderes einfallen lassen. Denn es ist meine Bestimmung, es ist Teil meines erfüllten Lebensweges, mich aus mir selbst heraus zu erfahren, mich immer besser verstehen zu lernen, falsche Schicht um falsche Schicht loszulassen und den Menschen mitzuteilen, was ich so an Erkenntnis gewonnen habe. Es erfüllt mich mit Ehre und Demut, das für andere Menschen sein zu dürfen, was andere Trainer, Autoren und Kursleiter für mich waren: ein Wegweiser.

Was willst du?
Willst du dich den unweigerlichen, unaufhaltbaren Veränderungen hingeben?
Willst du der Mensch sein, der du zu sein gekommen bist?
Willst du dich dem ergeben, was dich erfüllt, auch wenn du einen Preis dafür bezahlst?
Den Preis, dein unechtes, altes, überholtes Selbst aufzugeben?
Was willst du, Mensch?
Sei Veränderung!

Sei anspruchsvoll!
Sei Veränderungs-Anspruchs-voll!

KLARHEIT – HER DAMIT!

»Ich wünsche mir endlich Klarheit!«, rufen viele Menschen aus, die sich Veränderung wünschen.
Du auch?

Wirklich?

Dann stell dir, mit der nötigen Ruhe, nach innen gerichtet und laut ausgesprochen, doch einmal die folgenden Fragen bzw. denke folgende Sätze zu Ende:

»Warum will ich das, was ich will, eigentlich wirklich?«
»Was ist meine tiefste Überzeugung bei diesem Wunsch?«

»Was muss ich loslassen, um klar sehen zu können, was für mich das Beste ist?«

»Was verspreche ich mir auf tieferer Ebene von meinem Feststecken?«

»Wen oder was benutze ich nach wie vor als Ausrede, um mich nicht verändern zu müssen?«
»Wenn ich wüsste, was mich zutiefst mit Sinn und neuer Lebendigkeit erfüllt, dann wäre das …«

»Wenn ich wüsste, was der nächste Schritt für mich ist, um mich besser zu fühlen, dann wäre das …«

»Wenn ich wüsste, womit ich mich partout nicht auseinandersetzen will, obwohl es gut für mich wäre, dann wäre das …«

Na? Bist du bereit, dich wirklich mit diesen Dingen zu beschäftigen?
Bist du bereit für so viel Klarheit?

Dann nichts wie los!

MACHT – LERNE SIE ENDLICH LIEBEN!

Vielleicht denkst du nun: »Ja schön, jetzt weiß ich, was ich eigentlich will. Schon klar. Aber was soll ich denn machen?
Das schaffe ich nie.
Dazu fehlen mir die nötigen Voraussetzungen.
Ich habe das Geld dazu einfach nicht.
Keiner traut mir das zu.
Allein kriege ich das nicht hin.«
… (je nach Bedarf weitere Ausreden hier einsetzen)

Mensch, du bist unglaublich mächtig! Du hast alle, die sagten: »Der Mensch kann nicht fliegen!« Lügen gestraft. Sogar zum Mond bist du schon geflogen! Du kannst Gebäude erschaffen,

die deine eigene Körpergröße um das Sechshundertfache über-
ragen! Du bist in der Lage, Leben zu generieren, und als Frau sogar dazu, es in deinem Körper zu nähren und wachsen zu lassen!

Wir Menschen haben unglaublich große Macht. DU hast unglaublich große Macht.

Nur, warum wollen dann so wenige ihre Macht annehmen?

Zum einen, weil »Macht«, ähnlich wie »Konsequenz«, oft nur in
einem negativen Kontext gebraucht wird. Genau genommen ist
es so, dass die Menschen (und das sind die meisten), die glauben,
nicht sonderlich viel Macht zu haben, verachtend auf »die Mächtigen« blicken und schlecht über sie reden, herablassend und mit
Abscheu. Kein Wunder, dass man keine Lust hat, selber mächtig
zu sein, wenn man überall herumposaunt, was für korrupte Esel
das alles seien. Lieber ein kleines Licht bleiben und viel netter,
viel toller, viel beliebter sein.

Spieglein, Spieglein an der Wand …

Darüber, warum Menschen ihre Macht verachten und damit einhergehend alle, die ihnen mächtig erscheinen, könnte ich ein ex-
tra Buch schreiben. Was es aber hier und jetzt für dich braucht, ist
eine Entscheidung. Es geht darum, dass du »JA!« sagst zu deiner
Macht, auch, wenn du keine Ahnung hast, wie du sie wiederer-
langen sollst. Wozu, warum? Wenn du selbstbestimmt leben
willst (und davon gehe ich aus, wenn du dieses Buch liest), dann
brauchst du deine Macht zurück! Du hast sie Mal für Mal, Scheib-

chen für Scheibchen abgegeben in deinem Leben. Jedes Mal, wenn du dich hast verletzen lassen. Jedes Mal, wenn du »Nein« gesagt hast, obwohl du »Ja« meintest und »Ja«, wenn du lieber »Nein« gesagt hättest. Du hast deine Macht wieder und wieder abgelehnt und verraten, wenn du über andere gelästert hast, die dir mächtig erscheinen – und das ging schon bei den Eltern los und setzte sich über deine Lehrer bis hin zu Vorgesetzten und Partnern fort. Deine Macht zu dir zurückzuholen bzw. aus der Illusion zu erwachen, du hättest sie jemals nicht besessen, ist ein Prozess. Das sollte dich aber nicht davon abhalten, ihn in Gang zu setzen. Beginne, dir bewusst zu machen, wie viel schöner, besser und reicher dein Leben sein könnte, wenn du uneingeschränkt mächtig wärst! Was du alles für dich und andere tun könntest!

Es tut mir immer wieder so leid, wenn ich sehe, wie viele gutherzige Menschen es auf dieser Welt gibt, die Geld als etwas Schlechtes ablehnen. Als »Übel« dieser Welt, das nur ein böses Mittel der Reichen und Machtbesessenen sei. Was für ein Jammer! Denn was wäre großartiger, als wenn Menschen mit gütigem Herzen und weisem Verstand über Milliarden und Billionen Euros verfügen könnten? Ja, ich träume davon, dass die »Gutmenschen« dieser Welt mehr Geld in ihren mächtigen Händen halten als Banken, Rüstungskonzerne und Regierungen! Eine gute Möglichkeit, das zu fördern, ist etwa, durch unsere Einkäufe Produkte zu unterstützen, die wirklich Wertvolles produzieren, zu fairen Bedingungen für alle Beteiligten. Man kann von Vegan-Starkoch Attila Hildmann halten, was man will: Seinen Anspruch, mit seinen menschen- und tierfreundlich hergestellten Fertigprodukten die

Nummer 1 in der Lebensmittelindustrie zu werden, unterstütze ich absolut. Nicht weil ich Sojabolognese gerne esse, vielmehr tue ich das gar nicht. Aber weil er mit seinem Konzept absolut recht hat. Er lässt in Deutschland produzieren, bezahlt faire Löhne, nimmt wertvolle Produkte und zeigt, dass Massentierhaltung total 20. Jahrhundert ist. »Das kann sich aber nicht jeder leisten!«, schreien jetzt die Ersten schon wieder. Mag sein. Bislang hat es aber noch immer funktioniert, die Industrie durch das Verbraucherverhalten zu verändern. Es reicht, wenn erst mal die solche Produkte kaufen, die es sich leisten können. Biosupermärkte waren vor zehn Jahren als üblicher Supermarkt (wie es heute zumindest in allen größeren Städten in Deutschland der Fall ist) auch noch eine verrückte Utopie. Und in dem riesigen Supermarkt mit der blauen Schrift auf gelbem Untergrund gibt es ein eigenes, großes Regal nur für vegane Produkte. Da behaupte noch einmal einer, wir hätten keinen Einfluss auf die Wirtschaft!

Es ist schon irgendwie komisch: Und trotz alledem stehen Milliarden Menschen da und sagen: »Was soll ich alleine schon bewirken?«

✦ ✦ ✦

Wenn du bislang ein Problem hattest mit dem Begriff
»Macht«, dann mach dir bitte hier und jetzt bewusst:

Jedes Mal, wenn du Macht als etwas Negatives abtust,
nährst du die Macht derer, die sie gerne innehaben –
und auch die Macht derer, die damit nur egoistische
Ziele verfolgen, statt dem Gemeinwohl zu dienen!

Erkenne, was du für dich und die Gemeinschaft
Gutes bewirken könntest, wenn du dich dafür entscheiden würdest, ein mächtiger Mensch zu sein!

Und erlaube dir, Schritt für Schritt in deine Macht
hineinzuwachsen. Keiner erwartet von dir, dass
du gleich morgen früh das Bundeskanzleramt
stürmst. (Kannst du natürlich, deine Wahl!)

✦ ✦ ✦

VERTRAUEN – DA FÜHRT KEIN WEG DRAN VORBEI

Ich erinnere mich gut an das Foto. Es war abgebildet in einem Psychologiebuch, das ich für mein Examen in Händen hielt. Darauf zu sehen war ein Baby, das gerade krabbeln gelernt hatte. Die Eltern hielten die Arme auf, damit das Baby auf sie zukrabbeln würde. Die Augen des Kindes ruhten auf den Eltern, es lächelte selig und schien sich vorwärtszubewegen. Soweit nichts Besonderes. Nur dass es über eine Glasplatte krabbelte, unter der ein Abgrund war bzw. fototechnisch sehr echt simuliert wurde.

Wir kennen das aus anderen Untersuchungen. »Lauf über diesen Baumstamm!« ist eine Aufforderung, der nachzukommen wir überhaupt kein Problem haben. Rauf auf den Baumstamm, rüber, runter. Allerdings ändert sich das, wenn es heißt: »Lauf über diesen Baumstamm!« und sich dieser in zehn Metern Höhe befindet. Die Aufgabe ist die gleiche. Nur interpretieren wir sie mit einem Mal als gefährlich. Wir trauen uns plötzlich nicht mehr, unbefangen über den dicken Baumstamm zu laufen, weil wir abrutschen und uns schwer verletzen könnten. Oder sogar sterben. Dabei können wir über einen Baumstamm laufen, zumindest dann, wenn wir es auf dem Boden auch können.

Aus diesen zwei Beispielen können wir etwas ableiten:

Es gibt in uns so etwas wie ein Urvertrauen. Bis zu einem bestimmten Punkt in unserem Leben vertrauen wir blind und lächeln dabei.

Aus irgendeinem Grund verlieren wir zu einem bestimmten Zeitpunkt unseres Lebens dieses Urvertrauen.

Unser Sicherheitsgefühl ist von bestimmten Parametern abhängig. Es hält sich dabei nicht an rationale Fakten, sondern ist je nach angstbasierten Prägungen mal mehr, mal weniger fühlbar für uns.

Die meisten Menschen, die sich verändern möchten, fürchten sich entweder davor, pleite zu sein oder allein. Oder beides zusammen. Menschen wiederum, die an diesem Punkt angelangt sind, verzweifeln entweder (weil sie sich machtlos und/oder wertlos fühlen) oder sie lassen ihrer Kreativität freien Lauf, weil sie »ohnehin nichts mehr zu verlieren« haben. Menschen wiederum, die absolut an sich selbst und ihre Fähigkeiten glauben, scheuen Risiken viel weniger. Was sie oft beruflich sehr erfolgreich und beim anderen (oder gleichen) Geschlecht sehr begehrt macht.

Selbstbestimmte, selbstbewusste Menschen besitzen eine Art magische Anziehungskraft. Sie erinnern uns daran, welches Potenzial in uns allen schlummert. Und wir müssen ihnen nicht (Liebes-)Mangel oder Misstrauen spiegeln. Im Gegenteil, sie ermächtigen uns dazu, Liebe und Vertrauen in uns selber wiederzufinden und zu fühlen.

Wer sein Leben selbstbestimmt in die Hand nehmen und sich erfüllt und glücklich fühlen möchte, muss sich über kurz oder lang mit dem Thema »Vertrauen« auseinandersetzen. Zum einen mit dem Vertrauen ins Leben allgemein, wie es der Spruch »Du kannst nie tiefer fallen als in Gottes Hand« sehr schön ausdrückt.

Zum anderen, und das steht meines Erachtens nach über allem anderen, ist es unerlässlich, das Vertrauen in einem selbst zurückzuerarbeiten. Wer an sich selbst glaubt, ist unerschütterlich auf seinem Weg. Weil keine Angst einen blockieren kann.

Ich erinnere mich in diesem Zusammenhang an einen Vortrag von Dr. Joe Dispenza, in dem er von einem Mittagessen mit einem befreundeten Millionär erzählte. Dieser meinte während des Essens ganz ruhig: »Ich habe heute alles verloren, was ich hatte. Kannst du mir mal bitte den Ketchup reichen?« Dispenza war platt. »Wie kannst du das so ruhig erzählen, wenn du alles verloren hast?«, fragte er seinen Freund fassungslos. »Joe, ich BIN Geld. In ein paar Wochen bin ich wieder da, wo ich bis heute Morgen war. Kann ich jetzt den Ketchup haben?«

Wow, das ist es. Das ist das Vertrauen in uns selbst, das wir brauchen, um gelassen und einfach das zu erreichen, was wir uns wünschen.

Versuche einmal, die folgenden Sätze laut auszusprechen, und beobachte dich dabei, wie sehr du sie dir selber abnimmst.

»Ich bin Geld.«
»Ich bin Liebe.«
»Ich bin sexy.«
»Ich bin begehrenswert.«
»Ich bin Wohlstand.«
»Ich bin sicher, in jedem Moment.«
»Ich bin wunderschön.«
»Ich bin achtsam.«

»Ich bin liebenswert.«

»Ich bin klug.«

»Ich bin ein geliebtes Kind Gottes (des Lebens, des Universums, meiner Eltern, je nachdem).«

»Ich bin pure Unschuld.«

»Ich bin frei.«

»Ich bin selbstbestimmt.«

»Ich bin begabt.«

»Ich bin talentiert.«

»Ich bin Kreativität.«

»Ich bin Lebensfreude.«

»Ich bin Akzeptanz.«

»Ich bin Respekt.«

»Ich bin …«

Wer bist du?
Und wer willst du sein?

Wie sehr vertraust du dir schon, das sein zu können, was du sein möchtest?

Und wann entscheidest du dich dafür, es zu erreichen, wenn du es jetzt noch nicht kannst?

»Ich entscheide mich hier und jetzt dafür, mir selber wieder voll und ganz zu vertrauen. Was immer es dafür braucht, lade ich in mein Leben ein. Und was immer ich dazu loslassen muss, bin ich bereit loszulassen.
Ich entscheide mich dafür, mir selbst wieder zu vertrauen.
Ich bin Selbstvertrauen.«

LEBENSFREUDE – STELLT SICH EIN, WENN MAN BEGINNT ZU LEBEN

»Einmal 100 Gramm Lebensfreude, bitte!«

Könnte ich das den Leuten anbieten, frisch, bio, mit Wirkungsgarantie, sie würden mir die Bude einrennen. Ich hätte Bill Gates schon den Reichtumsrang abgelaufen und würde den Lebensfreudeexport von einer meiner Privatinseln aus steuern.

Im Grunde gibt es das schon. Also, in unterschiedlicher Form verpackt. Die Diätindustrie zum Beispiel macht damit exzellente Geschäfte. Wenn man ein Produkt anbietet, das auf der Verzweiflung der Menschen basiert und Lösungen verspricht, kann es sogar so dämlich sein, dass jeder sagt: »Das hilft ja auch wieder nichts.« Aber vorsichtshalber kaufen sie es dann doch. Nicht umsonst gehen Titel wie »Schlank in 7 Tagen«, »So kriegst du deinen Traummann!« oder »Denk dich megareich in 24 Stunden« in jedweder abgewandelten Form immer. Im Grunde wollen alle auf ihre Art schön, gesund, fit, sexy und reich sein – zumindest, wenn man sich dafür nicht anstrengen muss.

Und auch Lebensfreude, die ja eigentlich »nur« ein Resultat, also ein Abfallprodukt, der selbstbestimmten, authentischen Art zu leben ist, ist sehr begehrt. Nur sind auch hier wenige bereit dazu, für mehr Lebensfreude wirklich etwas zu verändern. Zum Glück bist du da anders! Schön, dass du dich mittlerweile dazu entschieden hast, Schwung in dein Leben zu bringen! ☺

Was du dafür wissen solltest, ist Folgendes: Wenn du Lebensfreude fühlen möchtest, ist die wichtigste Grundvoraussetzung: lebendig zu sein. Also, so richtig. Nicht nur mit funktionierenden Vitalfunktionen. Ich meine damit, dich von den Spitzen bis zu den Zehen lebendig zu fühlen. Dafür wiederum brauchst du Offenheit für Veränderungen. Denn bekanntlich ist es das, was das Leben ausmacht. Schau dir doch mal die Natur an! Welcher Baum jammert, wenn er im Herbst die Blätter verliert? Und welcher Baum erblüht im Frühjahr und klammert sich dann an seine frischen Triebe und Blätter, trotzig ausrufend: »Euch lasse ich nie mehr los! Es war zu schmerzhaft, als ich eure Vorgänger im letzten Herbst verloren habe!« Ulkige Vorstellung, oder? Aber genau das tun wir. Wir stemmen uns permanent gegen den natürlichen Fluss des Kommens und Gehens. Anstatt schöne Momente zu genießen, sind wir damit beschäftigt, schöne Fotos von ihnen zu machen, die natürlichen Geräusche mit Musik auszublenden, darüber zu reden, wie wir später darüber denken werden, uns darüber Gedanken zu machen, was jetzt wohl anders wäre, wenn es anders wäre und so weiter und so fort. Wir können uns schwer oder gar nicht damit abfinden, dass kein Partner da ist. Und wenn einer da ist, sind wir eifersüchtig, besitzergreifend und wollen ihn nie wieder hergeben (außer, er tut nicht das, was wir von ihm erwarten). Ob wir dauerhaft glücklich sind, interessiert uns meist weniger als Dauerhaftigkeit an sich. Quantität geht uns auch hier über Qualität, ohne dass wir es bemerken. Tief in uns schlummert ein Bedürfnis nach einer Person, einer Macht oder wie auch immer, die uns absolute Sicherheit auf immer verspricht.

Was wir dabei nur übersehen: Diese Person, diese Macht, das sind wir selbst.

Du bist es. Du bist der Mensch, auf den du immer gewartet hast. Der Mensch, der dich aus deiner Hölle der Unzufriedenheit, des Hasses, des Mangels und des Unfriedens herausführen kann. Du selber bist es, der Neues wagen, Risiken eingehen kann, die eigentlich keine sind, weil du deinem Wegweiser, deiner eigenen Intuition folgst. Du selbst bist es, der aufhören kann, anklagend und deprimiert zu sagen: »Ich bin gescheitert.« Und der stattdessen sagt: »Ich habe gelernt, dass es so nicht funktioniert. Also versuche ich es noch einmal und probiere es dieses Mal anders.« Du hast die Macht und die Fähigkeit, dich aus alten Prägungen zu lösen, die deiner Essenz nicht entsprechen. Du bist der Guru, den du dir wünschst. Lehre dich selbst, und erlaube dem Leben, dir weitere Lehrer zu schicken. Doch nicht, ohne deren Lehren mit deinem Herzen und deiner Weisheit für dich stets zu prüfen.

Das Leben ist so bunt, so vielfältig, so reich an Möglichkeiten! Lerne wieder, es zu leben!
Erinnere dich daran, wie es ist, mit den Augen eines Kindes auf die Welt zu schauen!
Erobere deine Selbstliebe zurück, anstatt nur darauf zu warten, von jemand anderes im Sturm erobert zu werden (und das darf natürlich auch sein)![20]
Erfahre, welcher Reichtum und welche Abenteuer auf dich hinter deiner Angst warten!

---

20 Was glaubst du, wie viel verführerischer, begehrenswerter und attraktiver du wirken wirst, wenn du Lebendigkeit ausstrahlst? Die Kraft, dein Leben selbst zu meistern? Das ist wahrer Sex-Appeal!

Denn es ist ein zutiefst deprimierender Gedanke, auf dem Sterbebett zu liegen und nur darüber zu weinen, wie viel man doch nicht gelebt hat in diesen paar Jahren hier auf Erden.
Mach es anders. Mach es besser!
Und lebe, Mensch, lebe!

Aufgabe:

Was möchtest du gerne einmal wagen, was du
dich bisher aber nicht getraut hast, zu tun?

Tu es! Mach es! Und beginne JETZT damit, indem
du es dir selber versprichst und den ersten Schritt
dafür auf der Stelle unternimmst. Ja, jetzt!
Sei es, zu recherchieren, zu buchen, jemanden einzuladen, dir den Reiseführer zu bestellen, den Menschen
anzurufen, den du schon lange anrufen wolltest ...

Was es auch immer ist, denk daran: Es sind schon
viele Menschen überraschend im Schlaf gestorben.
Auch ein lieber Bekannter von mir, sehr jung.
Was immer du jetzt tun kannst, um dich endlich
wieder lebendiger zu fühlen, verschiebe es nicht
auf ein Morgen, das es vielleicht nicht gibt.

DER UNSÄGLICHE WUNSCH:
»BLEIB SO, WIE DU BIST!« – BLOSS NICHT!

Es ist ja gut gemeint, das weiß ich.

Ja, ehrlich.

Die gute Absicht dahinter schätze ich sehr.

Aber bitte, Leute, tut mir einen Gefallen:

Hört auf, mir zu Anlässen wie Geburtstagen, Neujahr oder so etwas zu sagen, ich solle so bleiben, wie ich bin. Gruselig! Vermutlich hat diese grässliche Tradition ihren Ursprung darin, dass die eigentliche Botschaft dieses Appells eine Aussage sein sollte wie: »Ich finde dich großartig, wie du bist.« Wenn man aber das meint, könnte man ja auch einfach das sagen, oder? Oder wie wäre es mit: »Ich wünschte, es gäbe mehr Menschen wie dich auf dieser Welt.« Ist doch auch ein schönes Kompliment, oder?

Aber bitte, bitte hört auf mit: »Bleib so, wie du bist!«

Zum einen schafft das doch kein Mensch. Jeder wird älter, jeder verändert sich. Man kann seinem Gegenüber diesen Wunsch einfach partout nicht erfüllen. Das ist doch eine frustrierende Aufgabe. Zum anderen bedeutet das nichts anderes als: »Stagniere! Resigniere! Gib auf! Stirb am besten!« Denn Leben ist, wir wissen es bereits, Veränderung. Warum sollte ich aufhören, mich zu verändern? Nur weil andere zu faul sind, sich bewusst dem Fluss der Veränderung hinzugeben und ihn selbst aktiv mitzugestalten? Weil andere Angst vor Veränderung haben? Angst davor, in ihrem Leben könnte morgen etwas anders sein. Und deshalb soll ich diesen Mumpitz mitmachen?

Och nö. Da habe ich was Besseres vor. Mich verändern zum Beispiel. Immer wieder.

Weil ich es ohnehin tue.

Nur eben jetzt … selbstbestimmter.

EINE GEHEIMWAFFE, DIE HILFT, WENN GAR NICHTS MEHR GEHT

Abschließend ein kleiner Tipp für diejenigen unter euch, denen das jetzt alles doch zu anstrengend ist. »Fragen, fragen, immer wieder alles und mich hinterfragen, neeee. Mich auf Veränderungen einlassen, Entscheidungen treffen … Kann das nicht wer anderes für mich machen?«

Die hervorragende Nachricht ist: Ja! Das geht!

Es gibt da draußen einen großartigen Regisseur. Manche behaupten auch, es wäre eine Regisseurin. Spielt eigentlich keine so große Rolle (Kunststück, wieso sollte der Regisseur auch eine Rolle spielen? Ok, flacher Witz, musste nur eben mal raus). Die Rede ist vom Leben (oder nenn es Gott, Universum, die Macht aus Star Wars …).

Das Leben ist ein ausgezeichneter Regisseur. Im Grunde viel, viel besser als du selber (sorry). Denn es kennt dich, deine wahren Wünsche, die Wünsche und Bedürfnisse aller anderen und sämtliche großartigen Möglichkeiten und weiß, wie sich das alles realisieren lässt, sodass am Ende alle happy sind.

Klasse, oder? Heißt für dich: Entspann dich, lehn dich zurück, nimm dir nen Keks. Das Leben übernimmt ab sofort für dich. Vergiss die Selbstbestimmung, vergiss die Fragen, entscheide dich einfach ein letztes Mal: für das Beste, das für dich und alle Beteiligten passieren kann. Und dann: Feierabend. Das geht!

Warum dann dieses Buch? Nun, das ist ganz leicht zu erklären. Weil es um ein Vielfaches leichter ist, immer wieder Fragen zu stellen, sich selbst zu erforschen, Entscheidungen zu treffen und zu lernen, wie man das erreicht, was man möchte, als … jegliche Kontrolle loszulassen. Und das ist die absolute Voraussetzung dafür, dass das Leben schalten und walten kann, wie es das für richtig hält. Ist eine empfehlenswerte Sache! Das ist aber nur was für wirklich Fortgeschrittene. Und ich würde sagen, wenn du dich auf die Reise zu dir selbst begibst, wirst du ohnehin irgendwann diese Entscheidung treffen. Bis dahin dürftest du mit den Methoden hier ganz gut bedient sein.

Verändere dein Leben!
Verändere es so lange, bis es dir ähnlich ist.
Bis du dem Leben endlich wieder ähnlich bist.
Bis du du und dein Leben bist.

Verändere dein Leben!
Und verändere so die Leben der Menschen um dich herum.
Singe die Melodie des Liedes, das uns an Licht erinnert, wenn es dunkel ist.
Tanz den Tanz der Lebendigkeit, und stecke alle mit dieser Freude und diesem Wahr(n)-Sinn an!

Verändere die Melodie, verändere den Rhythmus.
So lange, bis es dein Lied und dein Tanz ist.

Verändere dein Leben!
Höre auf zu funktionieren!
Höre auf, nach der Pfeife anderer zu tanzen, und habe
den Mut, aus
der Rei
he zu tan

      z

        e

          n.

Verändere dein Leben!
Verändere deine Sichtweise auf das, was in deinem Leben ist.
Was war.
Und gestalte so ein Was-sein-wird, das du willst.
Setz die alte Brille ab, und kauf dir eine rosarote.
Pupse Wattebällchen, betrink dich an frischer Luft, schrei
»Mama!« voller Liebe.
Und: »Papa!« Und: »Lalelu!«

Verändere dein Leben!
Werde reich, weil du es dir wert bist.
Und erkläre dich dazu bereit, all das wahrhaft Reiche, was du in
dir findest, mit anderen zu teilen.
Werde ein Virus des Glücks, der Lebendigkeit, des Sinns.
Verändere dein Er-Leben, Mensch!

DANK BAR

WILLKOMMEN IN DER DANK-BAR!

Ich danke dir.

Ich danke dir, weil du vor einer Weile dieses Buch in deine Hände genommen hast. Vielleicht hast du es sogar jetzt zum ersten Mal in der Hand, beim Buchhändler, und du liest diese Zeilen als Erstes.

Ich danke dir. Wirklich.
Das hat ganz viele Gründe. Ein paar von ihnen will ich dir nennen.

1. Du hast dieses Buch gekauft (oder wirst es gleich noch kaufen). Das ist ganz toll, weil ich nämlich die Absicht habe, vom Schreiben leben zu können. Natürlich ist das so formuliert Quatsch. Denn ich lebe vielleicht von Luft, aber nicht vom Schreiben. Du weißt schon, was ich meine. Es interessiert mich dabei auch nicht, ob das »nur total wenige schaffen« oder ob das »bei Sachbüchern eher unwahrscheinlich ist« oder ob das »niemals geht«. Mir doch egal, was andere glauben. Ich will das. Ich werde das. Ich habe mich dafür entschieden (dafür, Vorträge zu halten auch, muss ich der Fairness halber dazu sagen). Jedenfalls leistest du hier einen wesentlichen Beitrag dazu, dass der Traum eines Menschen in Erfüllung geht. Die Top-Nachricht jetzt: Wenn du hilfst, die Träume anderer zu erfüllen, wird auch dir geholfen, deine erfüllt zu bekommen. Ist so ein universales Gesetz, das sich immer wieder bewahrheitet. Im Zweifelsfall nur ein bissi Geduld ha-

ben, stimmt aber. Danke also für deine finanzielle Unterstützung, um Punkt 1 jetzt mal abzuschließen.

2. Du hast mir gleich noch einen weiteren Traum erfüllt. Also mitgemacht bei der Erfüllung, sodass er sich erfüllt, ist ja ein größeres Projekt. Erinnerst du dich noch an das Vorwort? (Falls du nicht der in der Buchhandlung bist, der das als Erstes liest, dann weißt du schon, was ich meine. Im Notfall noch mal zurückblättern.) Ich habe ja begonnen, dieses Buch zu schreiben, weil ich es satthabe, immer nur allein meine Welt zu verbessern. Das ist fruchtbar, das funktioniert. Aber im Team ist es eben doch schöner und effektiver. Indem du dich bis hierher durchgewurschtelt hast, hast du einen wesentlichen Beitrag dazu geleistet. Denn sogar wenn du jetzt das Buch nur für drittklassig halten würdest (glaube ich aber nicht, dafür halte ich einfach zu viel davon, du hast es maximal nur noch nicht verstanden), hättest du zumindest unterwegs durch die Fragen und die Entscheidungen schon ein paar wichtige Schritte gemacht, einfach so im Vorbeigehen bzw. Durchlesen. Das ist schon mal viel, viel besser, als gar nix für deine Selbstbestimmung und für eine schönere Welt gemacht zu haben. Ungeachtet also deines persönlichen Urteils über das Buch einen herzlichen Dank für deinen Beitrag zu einer schöneren, weil glücklicheren Welt!

3. Ich danke dir auch, weil du anderen von diesem Buch erzählen wirst. Ganz egal, was du ihnen erzählst (»Es war sensationell!«, »Es war grauenhaft!«), Hauptsache, du erzählst

ihnen davon. Denn dann werden sie von diesem Buch erfahren und auch von mir. Dann gehen diese Leute zumindest vielleicht mal auf meine Homepage und erfahren von der »Academie für Selbst* und Lebensfreude«, die ich 2016 gestartet habe (www.silvia-maria-engl.com oder später dann auch www.smeacademie.com, ich bitte um etwas Geduld, eine Schwangerschaft und eine Geburt brauchen eben ihre Zeit). Dort lesen sie dann etwas über meine Mission, die aus meinem Inneren kommt und die mich dazu antreibt, mehr Angebote für Menschen zu schaffen, um einen glücklichen Gegenpol zu all dem Toten und Unglücklichen hier zu bilden. Irgendwer muss ja mal anfangen, nicht wahr? Zum Glück bin ich da nicht alleine, überhaupt nicht. Die Pionierarbeit haben längst schon andere geleistet. Man kann wirklich merken, dass es mittlerweile ein Umdenken gibt. Umso schöner, wenn die, die jetzt suchen, wissen, wo sie fündig werden können. Also, bitte weitersagen, und schön Werbung machen für das Buch (siehe Dank-Bar Punkt 1) und die Academie! (Nicht meckern, das C musste einfach rein, führt ein bisschen zu weit jetzt, das Wieso zu erklären). Und wenn du nicht für die Academie werben willst, dann bitte wenigstens für die positiven Aspekte von Veränderung und für Lebensfreude! ☺

4.   Ich danke dir auch, weil du das Buch gelesen und so zugelassen hast, dass du nicht mehr vergessen kannst, dass du es gelesen hast. Zumindest ist es unwahrscheinlich. Allein schon wegen dieses seltsamen Abschlusses hier. Das heißt wiederum: Egal, was du ab jetzt tust oder vorhast, du wirst

dich daran erinnern, wie wichtig richtige Fragen und klare Entscheidungen sind. Und wenn das als Erkenntnis bleibt, bin ich schon sehr dankbar!

5. Abschließend möchte ich dir noch einen Dank-Bar-Vorschuss geben. In einer Bar ist das nun einmal so. Man bekommt zuerst etwas und bezahlt danach. Von mir bekommst du jetzt ein Dankeschön für etwas, das du noch nicht getan hast. Ich danke dir hiermit dafür, dass du ab heute mehr Menschen anlächelst. Dass du mehr deiner Mitmenschen in die Augen schaust. Dass du sie mehr wahrnimmst als Menschen, die sie nun einmal sind. Jeder von uns wird gerne wahrgenommen und gesehen. Lächeln ist eine Sprache ohne Worte, von Herz zu Herz, die jeder versteht. Ich finde es gruselig, dass ein Mann sich heute nicht mal mehr auf eine Parkbank zum Ausruhen setzen und Kindern beim Spielen zusehen kann, ohne dass er fürchten muss, als Pädophiler verdächtigt zu werden. Wir lassen unsere Ängste durch die Medien schüren und vertrauen immer weniger unserem Bauchgefühl. Das ist nicht schön. Das ist sogar … (Ach, das Wort soll man nicht in Büchern benutzen. Du weißt schon, was ich meine.) Du wirst also durch dein Wahrnehmen, deinen Augenkontakt, dein Lächeln einen wichtigen Beitrag dazu leisten, dass unsere Gesellschaft, die überwiegend aus Menschen besteht, wieder menschlicher wird. Dafür danke ich dir von Herzen, von ganzem Herzen! Damit wirst du ein wesentlicher Bestandteil der Veränderung sein, die vonstattengeht. Vonstattengehen muss, wenn wir nicht als hohle Maschinen mit vegetativen

Funktionen enden wollen. Ich will das jedenfalls nicht. Danke, dass du das auch nicht willst und dich mit Menschlichkeit für Menschlichkeit aussprichst!

Lass uns jetzt an der Dank-Bar einen heben! Auf das Leben! Auf deine Lebensfreude! Auf deine Selbstbestimmung, deine klugen Fragen an das Leben, deine weisen Entscheidungen und auf ein Leben, das wieder nach Leben riecht und schmeckt!
Prost, lieber Herzensmensch! Vivat!

Und auch, wenn es manchmal wirklich anders scheint, so verabschiede ich mich von dir mit meiner gewohnten Grußformel. Denn ich glaube an sie. Und wenn ich damit als letzter Naivling in die Geschichte eingehe.

Alles (ist) Liebe
Deine Silvia Maria Engl

ÜBER DIE AUTORIN

© www.dokoupilphotography.com

Silvia Maria Engl ist eine Reisende, im Innen wie im Außen. Sie liebt es, die Welt zu erkunden und Menschen zu begegnen. Gleichzeitig sind ihr der gelegentliche Rückzug und ein bewusstes Alleinsein sehr wichtig.

Die Autorin lebt ihre eigene Spiritualität. Das Wichtigste hierbei ist für sie, dass ein Mensch sein eigenes Leben lebt, sich mit sich selbst wohlfühlt und sich und seiner Kraft und Macht vertraut. Wer an diesem Punkt angelangt ist, so die Expertin für Lebensfreude, wird feststellen, dass genau das Spiritualität ausmacht. Alles andere sind mögliche Hilfsmittel auf unserer Reise zu uns selbst.

Die Intuitionstrainerin und begeisterte Vortragsrednerin freut sich über jeden Menschen, der sich selbst näherkommt und dabei glücklicher wird. Denn es kann, wie sie sagt, »gar nicht zu viele glückliche Menschen auf diesem Planeten geben!« Menschen dabei einen Weg weisen zu können, erfüllt sie mit großer Freude. Man kann Silvia Maria Engl persönlich auf Messen, Workshops, Seminaren und auch im Internet bei Webinaren (Onlineseminaren) begegnen, die sie zum Teil kostenfrei für alle anbietet. Näheres zu ihr und ihren Angeboten unter:

www.silvia-maria-engl.com

BILDNACHWEIS

Bilder von der Bilddatenbank www.shutterstock.com:

Lichtflecken Kapitelanfänge: # 81060706 © Marisha
Smileys: # 191534267 © MSSA

S. 13: # 64821781 © Alena Ozerova, S. 25: # 390612895 © Maridav, S. 29: # 222227782 © Daxiao Productions, S. 32: # 220396504 © Blend Images, S. 37: # 25531963 © carroteater, S. 43: # 155233601 © hxdbzxy, S. 47: # 209503000 © Studio 52, S. 53: # 251990476 © Dmitry Molchanov, S. 77: # 374100637 © Evgeniya Porechenskaya, S. 94: # 70247515 © Daxiao Productions, S. 99: # 337073504 © nosonjai, S. 107: # 198406166 © gyn9037, S. 113: # 359430287 © CHOATphotographer, S. 121: # 355563605 © Hvoenok, S. 155: # 119492296 © grafxart